독도, 천년의 노래

영남대학교 독도연구소 자료총서 12
독도, 천년의 노래

초판 1쇄 발행 2021년 11월 3일

편저자 | 최동호
발행인 | 윤관백
발행처 | ![도서출판 선인]

등록 | 제5-77호(1998.11.4)
주소 | 서울시 마포구 마포대로 4다길 4 곳마루 B/D 1층
전화 | 02)718-6252/6257 팩스 | 02)718-6253
E-mail | sunin72@chol.com

정가 20,000원

ISBN 979-11-6068-627-2 94910
       978-89-5933-697-5 (세트)

· 잘못된 책은 바꿔 드립니다.

영남대학교 독도연구소
자료총서 12

독도, 천년의 노래

최동호 편저

 도서출판 선인

발간사

오랫동안 독도 노랫말 시를 써오신 최동호 시인의 노래가사를 모아 영남대학교 독도연구소 총서의 하나로 출간하게 되어 기쁘게 생각하며 축하를 드립니다.

최동호 시인은 오랜 세월 남다른 독도에 대한 사랑으로 주옥같은 시를 써오셨습니다. 여기서 머물지 않고, 이 시를 작곡가 최영섭 선생 등의 작곡으로 많은 아름다운 노래를 만들어오셨습니다. 하나 같이 독도에 대한 애정과 그리움으로 가득한 노래입니다. 이러한 부단한 노력을 생각하면 저절로 고개가 숙여집니다.

이 책에 실린 글은 '그 섬에 가고 싶다'를 비롯하여, 50여 편이나 됩니다.

영남대 독도연구소에서 독도 노랫말을 엮어 총서 중의 하나로 간행하고자 하는 뜻은 독도에 대한 다양한 분야의 관심과 기록을 집성해보려는 의도입니다.

특히 문학과 음악 예술 분야의 업적들까지도 학술총서에 포함시킨 뜻은, 독도가 단순히 대한민국의 영토라는 문제를 넘어서서, 지금 이곳에 살아가는 모든 사람들의 건전한 애국심의 아름다운 표현을 살필 수 있기 때문입니다.

세월이 지나면 이런 일상적인 기록들이 더욱 빛을 발하여 지난날 독도에 대한 일반인들의 관심을 알 수 있는 훌륭한, 귀중한 자료가 되리라 확신합니다.

그동안 독도에 대한 시를 써오시고 더욱이 노래로 만드는데 큰 역할을 해주신 최동호 시인께 깊은 존경심과 감사의 뜻을 전합니다. 그리고 이번 책의 출간을 축하드립니다. 앞으로도 더 아름다운 시를 써 주시기를 부탁드립니다.

2021. 5. 13

영남대학교 독도연구소장 최재목

Preface by publisher

I delightedly congratulate on publishing this song book of the poet Kosan, Dongho Choi, as one of the series books of Dokdo Research Institute at Yeungnam University.

Poet Kosan, Dongho Choi, has been writing gemlike poems for a long time with his extraordinary love for Dokdo. Furthermore, he has tried creating various beautiful songs by collaborating with many composers, including Youngseop Choi. Every song is full of love and longing for Dokdo. When I think of these persistent efforts, I always become respectful.

There are more than 50 works in this song book, including 'I want to go to the island.', 'Yeungnam University's Dokdo Research Center intends to compile the lyrics of Dokdo and publish it as one of the series to collect interest and records of Dokdo in various fields.

In particular, the purpose of including achievements in the fields of literature, music, and art in the academic series is that it goes beyond the issue of Dokdo being merely a territory of the Republic of Korea and can examine the beautiful expression of good patriotism of all people living here.

As time goes by, I am sure that these daily records will shine even brighter and become a great and valuable resource to know the public's interest in Dokdo in the past.

I would like to express my deep respect and gratitude to poet Kosan, Dongho Choi, who wrote poems about Dokdo and played a significant role in making them into songs. Congratulations again on the publication of this book, and I hope that he will continue to write more beautiful poems in the future.

13 May 2021
Director, Dokdo Research Institute
Yeungnam University
Jaemok Choi

서문

이 땅에 태어난 대한민국은 나의 조국입니다. 역사의 소용돌이 속에서 미래를 향한 우리의 다짐으로 '독도, 천년의 노래' 작품집을 내게 되었습니다.

특히, 2011년 8월 1일, 일본 자민당 소속 국회의원 3명이 독도를 방문하겠다고 왔다가 우리 정부가 허락하지 않아 김포공항에서 돌아가는 모습을 보고 탄생한 작품들입니다.

한 사람의 노래보다 백 사람의 노래가 울림이 크듯이 작품 속 주인공들(작곡, 그림, 사진, 노래, 번역을 도와주신 모든 분들)의 소중한 마음이 고스란히 담겨있습니다.

시는 정신 문화의 꽃이요, 노래는 시대와 공간을 초월한 세계 공통 언어입니다.

구름이 가려도 태양은 떠오르고, 구름이 가려도 별은 빛나듯이 우리 민족의 혼이 담긴 독도는 영원히 빛날 것입니다.

2021. 9.
저자 시인 고산 최동호

Preface by the author

The Republic of Korea is my homeland. In the midst of the whirlwind of history, as our resolve for the future, I am publishing a collection of works titled 'Dokdo, Songs of Thousand Years.'

In particular, I decided to write these lyrics after watching an event on 1 August 2011 when three Japanese Liberal Democratic Party (LDP) members came to visit Dokdo. Still, the Korean government did not allow them to enter, returning to Japan from the Gimpo Airport.

Just as the song of a hundred people resonates more than the song of one person, this collection contains the precious hearts of the main contributors who helped compose, draw, photograph, sing, and translate.

Poetry is the flower of spiritual culture, and the song is a universal language that transcends time and space.

Just as the sun rises even when the clouds are covered, and the stars shine even when the clouds are covered, Dokdo, which contains the soul of our people, will shine forever.

September 2021
Kosan, Dongho Choi

축 사

祝

"독도 천년의 노래"

우리 교육의 미래를 앞서가는
영남대학교 독도연구소에서
독도의 위상을 세계에 높일 수 있는
작품집 발간을 진심으로 축하합니다.

★ 한국 가곡 세계 선양회
★ 그리운 금강산 작곡가

운산 최영섭

★ 2021년 6월

목 차

| 작품(50개) |

| 부록(유튜브 재생목록 & 악보) |

작품
(50개)

그 섬에 가고 싶다

작시: 고산 최동호
작곡: 백승태

별빛 타고 내려오는 나의 꿈이 숨은 섬에

바람이 쓰다듬는 풀 한 포기도

파도가 쓰다듬는 돌 하나도

보고 싶은 그 섬에 가고 싶다

위대한 성자처럼

\#

아늑한 꿈결에도 달려가는 섬이여

아늑한 꿈결에도 불러보는 섬이여

달빛 타고 내려오는 나의 꿈을 찾는 섬에

은하수 별 하나가 독도 되었나

조각달 부서져서 독도 되었나

보고 싶은 그 섬에 가고 싶다

위대한 성자처럼

사진: 이자욱

I want to go to the Island

Words by Gosan, Dongho Choi
Music by Seungtae Baek

On an island where my dreams coming down in the starlight are hidden

Even a leaf of grass stroked by the wind

Even a single stone stroked by the waves

I want to see. I want to go to the island

Like a great saint

#

An island that I go running to even in a cozy dream

An island that I call even in a cozy dream

On an island where I am looking for my dreamsthat come down in the moonlight

Did a star in the Milky Way become Dokdo?

Did the crescent moon break and become Dokdo?

I want to go to the island that I miss

Like a great saint

그 이름, 독도

작시: 고산 최동호
작곡: 최선기

이 세상 하나 밖에 없는 그 이름

물 깊어 못 가나요 산 높아 못 가나요

언제나 우리를 기다리는 섬

내 마음 깊은 곳에 새긴 그 이름

아침에 눈을 뜨면 불러봅니다

친구야 소풍 가자 같이 가보자

파도에 몸을 싣고 구름에 깃발 달고

언제나 우리를 기다리는 섬

내 마음 깊은 곳에 숨은 그 이름

아침에 눈을 뜨면 불러봅니다

* 돌섬, 독섬, 석도: 독도의 다른 이름

『독도에 살다』 전충진
도서출판 〈갈라파고스〉

The name of the Island, Dokdo

Words by Gosan, Dongho Choi
Music by Seongi Choi

The only name in the world

Can't you go because the water is deep?

Can't you go because the mountain is high?

An island always waiting for us

The name engraved deep in my heart

I call you when I wake up in the morning

Let's go on a picnic, my friend, let's go together

Ride the waves, flag the clouds

An island always waiting for us

An island whose name hidden deep in my heart

I call you when I wake up in the morning

* Dolseom, Dokseom, and Seokdo are another names for Dokdo

그 이름, 석도

작시: 고산 최동호
작곡: 서혜선

이 세상 하나 밖에 없는 그 이름

물 깊어 못 가나요 산 높아 못 가나요

언제나 우리를 기다리는 섬

내 마음 깊은 곳에 새긴 그 이름

아침에 눈을 뜨면 불러봅니다

친구야 소풍 가자 같이 가보자

파도에 몸을 싣고 구름에 깃발 달고

언제나 우리를 기다리는 섬

내 마음 깊은 곳에 숨은 그 이름

아침에 눈을 뜨면 불러봅니다

* 돌섬, 독섬, 석도: 독도의 다른 이름

The Name of the Island, Seokdo

Words by Gosan, Dongho Choi
Music by Hyeseon Seo

The only name in the world

Can't you go because the water is deep?

Can't you go because the mountain is high?

An island always waiting for us

The name engraved deep in my heart

I call you when I wake up in the morning

Let's go on a picnic, my friend, let's go together

Ride the waves, flag the clouds

An island always waiting for us

An island whose name hidden deep in my heart

I call you when I wake up in the morning

* Dolseom, Dokseom, and Seokdo are another names for Dokdo

나의 별 독도

작시: 고산 최동호
작곡: 윤순희

서산에 노을 지면 누가 찾아올까봐

북두칠성 칠 형제가 보고 있는 섬

서산에 노을 지면 누가 찾아올까봐

외로운 등댓불을 밝히고 있는 섬

#

밤마다 밝히는 등대의 꿈을 나는 품으리

영원한 나의 별이 되어다오

하늘이시여 잊지마소서

뜨내기 구름 한 점 잠시 머물다 가도

파도 소리 성큼성큼 달려오는 섬

엄마가 차려놓은 둥근 양철 밥상에

한 마리 천년학이 지키는 독도여

서울 대일고 김경래

My Star, Dokdo

Words by Gosan, Dongho Choi
Music by Soonhee Yoon

Expecting someone to come when the sun setson the West Mountain

An island where the seven brothers of the Big Dipper arewatching to see

Expecting someone to come when the sun setson the West Mountain

An island whose lighthouse is lighting lonely lights

#

I will embrace the dream of the lighthouse that lights upevery night

Be my star forever

Heaven, don't forget

An island where floating cloud stays on for a while

An island where the sound of waves strides forward

On the round tin table set by mother

A thousand-year-old crane is protecting Dokdo

달빛 동행

작시: 고산 최동호
작곡: 최선기

바람처럼 살며시 찾아오세요
갈매기 형제들이 도란도란 사는 섬
파도가 윙크하는 별들의 고향에서
달빛을 동행하고 노래합시다
#
에야디야 상사디야 에해야 상사디야
영원히 잊지 못할 독도이기에

눈송이처럼 조용히 찾아오세요
풀벌레 형제들이 도란도란 사는 섬
거룩한 이 강산 아침의 나라에서
영원한 동반자로 노래합시다

(사) 독도 바르게 살기 운동 본부

Accompanying Moonlight

Words by Gosan, Dongho Choi
Music by Seongi Choi

Come to me softly like the wind

An island where the seagull brothers live in peace

In the home of the stars where the waves wink

Let's sing along with the moonlight

#

Eyadiya sangsadiya ehaeya sangsadiya

Because it is Dokdo that I will never forget

Come to me quietly like a snowflake

An island where the grassworm brothers live in peace

In the holy land of the Morning Calm

Let's sing along as a eternal companion

내 사랑 독도야

작시: 고산 최동호
작곡: 최강산

만경창파 배 띄워라 동해바다에
가고 싶다 독도야 바닷길 저 멀리
세상만사 얼룩져도 이 발길 머무는 곳
다 함께 노래하자 손에 손잡고
#
저 바다 깊은 물이 마르는 그 날까지
내 맘속 깊은 곳에 너를 안고 가리라
아련한 첫사랑의 연인같은
독도야 독도야 내 사랑 독도야~~

만경창파 배 띄워라 동해바다에
보고 싶다 독도야 바닷길 저 멀리
세상만사 얼룩져도 이 마음 머무는 곳
다 함께 노래하자 손에 손잡고

(사) 독도 바르게 살기 운동 본부

My love, Dokdo

Words by Gosan, Dongho Choi
Music by Kangsan Choi

Float a boat on the boundless expanse of water, the East Sea

I want to go to Dokdo, far away from the sea way

Even if everything in the world is stained, the place where I stay

Let's sing together, hand in hand

#

Until the day when the deep waters of the sea dry up

I will carry you deep in my heart

Like a lover of my faint first love

Dokdo, Dokdo, my love Dokdo~~

Float a boat on the boundless expanse of water, the East Sea

I miss you Dokdo, far away from the sea way

Even if everything in the world is stained, the placewhere my heart stays

Let's sing together, hand in hand

그리운 섬 독도여

작시: 고산 최동호
작곡: 최선기

저 멀리 수평선에 그리운 섬 하나
오늘도 나는 너를 잊지 못하네.
바람 부는 소리에도 네 이름을 불러보고
별빛이 속삭이는 뱃길을 따라가면
너를 만날까
#
내 영혼에 불꽃처럼 새긴 그 이름
별이여 내 가슴에 잠 들어라~

저 멀리 수평선에 작은 섬 하나
오늘도 나는 너를 잊지 못하네.
낙엽 지는 소리에도 네 모습을 그려보고
달빛이 잠든 밤에 등댓불 찾아가면
너를 만날까

서울 대일고: 한지훈

Dokdo, the Island I miss

Words by Gosan, Dongho Choi
Music by Seongi Choi

An island far away on the horizon I miss

Today I can't forget you

I call your name even when the wind blows

If I follow the seaway whispered by the starlight

Shall I meet you?

#

The name engraved in my soul like a flame

Star, sleep in my heart~

A small island far away on the horizon

Today I can't forget you

I try to picture you even in the sound of falling leaves

If I follow the light of the lighthouse on a moonless night

Shall I meet you?

독도 꼬마야

작시: 고산 최동호
작곡: 윤순희

꼬마야 꼬마야 독도 꼬마야
누가 너보고 돌을 던지나
미워하나봐 싫어하나봐
하늘이 무너져도 지켜줄 거야
#
하얀 수평선 동해 바다가
즐거운 너의 집 마당이란다

꼬마야 꼬마야 독도 꼬마야
작은 고추가 맵다고 했지
기죽지마라 겁내지마라
하늘이 무너져도 지켜줄 거야

사진 : 주광석

Dokdo, a little boy

Words by Gosan, Dongho Choi
Music by Soonhee Yoon

A little boy, a little boy, Dokdo a little boy

Who throws stones at you

He hates you, he dislikes you

I'll protect you even if the sky falls

#

The white horizon of the East Sea

It's your happy house yard

A little boy, a little boy, Dokdo a little boy

Said a little chilli is more spicy

Don't be discouraged, don't be afraid

I'll protect you even if the sky falls

독도 메아리

작시: 고산 최동호
작곡: 김병균

이 세상 하나 밖에 없는 그 이름

물 깊어 못 가나요 산 높아 못 가나요

언제나 우리를 기다리는 섬

내 마음 깊은 곳에 새긴 그 이름

아침에 눈을 뜨면 불러봅니다

친구야 소풍 가자 같이 가보자

파도에 몸을 싣고 구름에 깃발 달고

언제나 우리를 기다리는 섬

내 마음 깊은 곳에 숨은 그 이름

아침에 눈을 뜨면 불러봅니다

* 돌섬, 독섬, 석도: 독도의 다른 이름

Echo of Dokdo

Words by Gosan, Dongho Choi
Music by Byeonggyun Kim

The only name in the world

Can't you go because the water is deep?

Can't you go because the mountain is high?

An island always waiting for us

The name engraved deep in my heart

I call you when I wake up in the morning

Let's go on a picnic, my friend, let's go together

Ride the waves, flag the clouds

An island always waiting for us

An island whose name hidden deep in my heart

I call you when I wake up in the morning

* Dolseom, Dokseom, and Seokdo are another names for Dokdo

독도 예찬

작시: 고산 최동호
작곡: 최선기

동해에 쏟아지는 별처럼

우리의 가슴에 빛나는 섬이여

검은 마음으로 헛된 꿈을 꾸는

일본을 뿌리치고 언제나 그 자리에

빛나는 별이 돼라

\#

아 동해에 독도가 있으니 느낄 수 있는

우리의 한결같은 마음은 깊고 깊은 사랑이야

동해에 부서지는 별처럼

우리의 가슴에 스미는 섬이여

헛된 말과 말로 생떼를 쓰는 일본을

단호하게 꾸짖어 그 자리에

빛나는 별이 돼라

(사)독도 바르게 살기 운동 본부

Great admiration for Dokdo

Words by Gosan, Dongho Choi
Music by Seongi Choi

Like the stars pouring into the East Sea

An Island shining in our hearts

Japan dreaming in vain with a dark heart

Overcome him and always be there

Be a shining star

#

Ah, there is Dokdo in the East Sea, so that I can feel it

Our unwavering heart is a deep, deep love for you

Like a broken star in the East Sea

An Island that seeps into our hearts

Japan claiming with vain words

Resolutely rebuke him and always be there

Be a shining star

독도의 바람

작시: 고산 최동호
작곡: 오해균

여명의 햇살을 한 몸에 안고
불꽃같이 솟아오른 우리 독도여
은하수 별 하나가 독도 되었나
북두칠성 칠 형제가 보고 있는 섬
#
별빛이 속삭이는 뱃길을 따라가면
너를 만날까.
달빛이 잠든 밤에 등댓불 찾아가면
너를 만날까.

뜨네기 구름 한 점 머물다가도
파도 소리 성큼 성큼 달려 오는 섬
조각달 부서져서 독도 되었나.
북두칠성 칠 형제가 놀다 가는 섬

서울 대일고: 장건우

Wind of Dokdo

Words by Gosan, Dongho Choi
Music by Haegyun Oh

Embracing the sunlight of the dawn

Our Dokdo rises like a flame

Did a star in the Milky Way become Dokdo?

The seven brothers of the Big Dipper are looking at the island

#

If I follow the seaway whispered by the starlight

Shall I meet you?

If I follow the light of the lighthouse on a moonless night

Shall I meet you?

An island where floating cloud stays on for a while

An island where the sound of waves strides forward

Did the crescent moon break and become Dokdo?

The island where the seven brothers of the Big Dipper go to play

독도의 달밤

작시: 고산 최동호
작곡: 이문주/이재진

등댓불 깜박이는 독도의 달밤
이름 모를 풀벌레가 잠을 깨워도
하룻밤 내 영혼을 묻고 가리라
파도야 울지 마라 내가 있지 않느냐
너마저 울어대면 이 밤을 어이해~

찾아오는 임도 없는 독도의 달밤
차가운 밤바람이 등을 밀어도
하룻밤 내 영혼을 묻고 가리라
파도야 울지 마라 내가 있지 않느냐
너 마저 울어대면 이 마음 어이해~

『독도에 살다』 전충진
도서출판 〈갈라파고스〉

A moonlit night in Dokdo

Words by Gosan, Dongho Choi
Music by Moonju Lee/Jaejin Lee

Dokdo's moonlit night with flickering lanterns

Even if an unknown grass insect wakes me up

I'll bury my soul overnight

Waves, don't cry, I am here with you

How do I spend this night when even you cry?

A moonlit night on Dokdo without a visiter

Even if the cold night wind pushes my back

I'll bury my soul overnight

Waves, don't cry, I am here with you

What do I do with my heart when even you cry?

독도여 영원하라

작시: 고산 최동호
작곡: 인동남

너는 너는 외롭지 않다

독도야 독도야 우리 독도야

#

내 한 점 고운 살을 바다에 던진

망망대해 동해바다

품에 안긴 독도야

거칠은 파도가 뺨을 때려도

이 기상을 누가 막으리랴

독도야 독도야 우리 독도야

너는 너는 영원하리라~

* 2014년 1월 11일 서울 KBS 공개홀에서 부른 대구 경북시도민회 신년음악회

사단법인 독도 문화 협회

Forever Dokdo

Words by Gosan, Dongho Choi
Music by Dongnam In

You, you are not lonely

Dokdo, Dokdo, our Dokdo

#

I threw a piece of my fine flesh into the sea

The vast sea, the East Sea

Dokdo in the arms of the East Sea

Even when the rough waves hit his face

Who can stop his spirit?

Dokdo, Dokdo, our Dokdo

You, you will be forever~

* Sung at New Year's Concert of Daegu Metropolitan and Gyeongsnagbuk-do
Provincial Citizens in KBS public hall in Seoul on January 11, 2014

독도는 내 친구

작시: 고산 최동호
작곡: 이문주

동해의 외로운 섬 나의 친구야
손들면 섬섬옥수 작은 섬들이
갈매기 친구삼아 하루 보내고
밤에는 등불처럼 달님이 밝혀줍니다

동해의 외로운 섬 나의 친구야
손들면 섬섬옥수 작은 섬 들이
파도와 정답게 합창을 하고
밤에는 친구처럼 별님이 놀다 갑니다

서울 경희초등학교 4학년 박손유

My friend, Dokdo

Words by Gosan, Dongho Choi
Music by Moonju Lee

A lonely island in the East Sea, my friend

Like a girl's slender hands, small islands

Spending the day with seagulls as friends

The moon lights up like a lantern at night

A lonely island in the East Sea, my friend

Like a girl's slender hands, small islands

Chorusing with the waves

Stars come play like friends at night

독도는 외롭지 않다

작시: 고산 최동호
작곡: 운산 최영섭

너는 너는 외롭지 않다

독도야 독도야 우리 독도야

내 한 점 살을 찢어서 던진

망망대해 동해 바다 품에 안긴 독도야

거칠은 파도가 뺨을 때려도

겨레의 얼과 혼이 살아 숨쉬는

이 기상을 누가 막으리

독도야 독도야 우리 독도야

보라 억지 망상에 빠져

몸부림치는 저 모습을

보라 섬지기 갈매기도 비웃는구나

독도야 독도야 우리 독도야

너는 외롭지 않다 너는 외롭지 않으리라

사진 : 이자욱

Dokdo is not alone

Words by Gosan, Dongho Choi
Music by Youngseob Choi

You, you are not lonely
Dokdo, Dokdo, our Dokdo

I threw a piece of my fine flesh into the sea
Dokdo nestled in the bosom of the boundless East Sea

Even when the rough waves hit his face
Who can stop his spirit?
An island on which the spirit and soul ofthe Korean people live and breathe

Dokdo, Dokdo, our Dokdo

Look! Fallen into stubborn delusion
(Japan) Floundering himself
Look! Even the islander seagulls sneer

Dokdo, Dokdo, our Dokdo

You are not alone
You will never be alone

독도에서 하룻밤을

작시: 고산 최동호
작곡: 송결

사무친 그리움이 가슴을 적실 때
제일먼저 생각나는 그 사람 하나
제일먼저 보고싶은 그 사람 하나
이렇게 못잊어 불러봅니다
아담과 이브가 만나는 그날처럼
독도에서 하룻밤을 만나봅시다

사무친 그리움이 가슴을 적실 때
제일먼저 생각나는 그 사람 하나
제일먼저 보고싶은 그 사람 하나
이렇게 못잊어 불러봅니다
견우와 직녀가 만나는 그날처럼
독도에서 하룻밤을 만나봅시다

그림: 이한경

One night on Dokdo

Words by Gosan, Dongho Choi
Music by Gyeol Song

When my heart is filled with longing

The first person that comes to mind

The first person that I want to see

I call you because I can't forget

Like the day when Adam and Eve meet

Let's meet and spend one night on Dokdo

When my heart is filled with longing

The first person that comes to mind

The first person that I want to see

I call you because I can't forget

Like the day when the cowherd and the weaver girlmeet in fairy tales

Let's meet and spend one night on Dokdo

독도는 요술쟁이

작시: 고산 최동호
작곡: 박원준

독도야 독도야 외쳐부르면
파도가 달려와서 반겨주지요
독도야 독도야 외쳐부르면
갈매기 달려와서 인사하지요
독도는 독도는 요술쟁이야

독도야 독도야 외쳐부르면
구름 속 요술쟁이 숨어있다가
반가운 친구들이 놀러왔다고
방긋이 햇살을 비춰주지요
독도는 독도는 요술쟁이야

Dokdo is a magician

Words by Gosan, Dongho Choi
Music by Wonjun Park

Dokdo, Dokdo, if I call out

The waves come and greet me

Dokdo, Dokdo, if I call out

Seagulls fly and say hello to me

Dokdo, Dokdo is a magician

Dokdo, Dokdo, if you call out

The magician hiding in the clouds

Lit the sunlight gently

When good friends came to play

Dokdo, Dokdo is a magician

독도는 잠들지 않는다

작시: 고산 최동호
작곡: 운산 최영섭

너는 너는 외롭지 않다
독도야 독도야 우리 독도야
내 한 점 고운 살을 찢어서 던진
망망대해 동해바다 몸에 안긴 독도야

보아라 억지 망상에 빠져
몸부림치는 저 모습을
보아라 섬지기 갈매기도 비웃는구나
독도야 독도야 우리 독도야
너는 외롭지 않다 너는 너는

거칠은 파도가 뺨을 때려도
겨레의 얼과 혼이 살아 숨 쉬는
이 기상을 누가 막으리
독도야 독도야 우리 독도야

『독도에 살다』 전충진
도서출판 〈갈라파고스〉

Dokdo never sleeps

Words by Gosan, Dongho Choi
Music by Youngseop Choi

You, you are not lonely

Dokdo, Dokdo, our Dokdo

I threw a piece of my fine flesh into the sea

Dokdo nestled in the bosom of the boundless East Sea

Look! Fallen into stubborn delusion

(Japan) Floundering himself

Look! Even the islander seagulls sneer

Dokdo, Dokdo, our Dokdo

You are not lonely, you are not, you are not

Even when the rough waves hit his face

Who can stop his spirit?

An island on which the spirit and soul ofthe Korean people live and breathe

Dokdo, Dokdo, our Dokdo

독도는 파도에 울지 않았다

작시: 고산 최동호
작곡: 최선기

아득한 옛적에 하늘이 열리는 날
독도는 파도에 울지 않았다
나 살던 고향 언덕 뜨는 태양도
영원히 밝혀주는 수호신이여
#
바람에 실려 오는 파도의 노래
수평선 저 멀리 고래의 숨소리도 잠들게 하라

아득한 옛적에 하늘이 열리는 날
독도는 파도에 울지 않았다
나 살던 고향 언덕 뜨는 저 달도
영원히 밝혀주는 수호신이여

Dokdo did not cry in the waves

Words by Gosan, Dongho Choi
Music by Seongi Choi

A long time ago, the day when the sky opened

Dokdo did not cry in the waves

The sun rising on the hill of my hometown

A guardian angel lights him forever

#

The song of the waves carried by the wind

Let the breathing of whales far away on the horizon fall asleep

A long time ago, the day when the sky opened

Dokdo did not cry in the waves

The moon rising on the hill of my hometown

A guardian angel lights him forever

독도로 가는 기차

작시: 고산 최동호
작곡: 최선기/서혜선

내가 처음 태어나서
독도로 가는 기차를 타고 싶어요
엄마의 손을 꼭 잡고
그림자처럼 졸졸 따라가서
별님이 밤 하늘에 머무는 동안
독도의 등불 하나 달고 싶어요

내가 처음 태어나서
독도로 가는 비행기를 타고 싶어요
아빠의 손을 꼭 잡고
그림자처럼 졸졸 따라가서
달님이 밤 하늘에 머무는 동안
독도의 등불 하나 달고 싶어요

『독도에 살다』 전충진
도서출판 〈갈라파고스〉

Train to Dokdo

Words by Gosan, Dongho Choi
Music by Seongi Choi/Hyeseon Seo

For the first time since I was born

I want to take the train to Dokdo

Holding mom's hand

Following her like a shadow

While the stars stay in the night sky

I want to light a lantern on Dokdo

For the first time since I was born

I want to catch a flight to Dokdo

Holding daddy's hand

Following him like a shadow

While the moon stays in the night sky

I want to light a lantern on Dokdo

독도로 간 부처님

작시: 고산 최동호
작곡: 이종만

내일이면 늦다고 독도로 간 부처님은
독도가 부처님의 법당이래요
갈매기는 부처님의 친구가 되고
파도는 부처님의 목탁을 치면
허공에 울리는 우리의 소원
무량억겁 불국토를 이루오리다

내일이면 늦다고 독도로 간 부처님은
독도가 부처님의 도량이래요
등대는 대웅전에 촛불로 켜고
저 하늘 별빛들을 연등에 달면
맑고도 향기로운 해국 한 송이
부처님이 사랑하는 애기동자랍니다

Buddha went to Dokdo

Words by Gosan, Dongho Choi
Music by Jongman Lee

The Buddha went to Dokdo because it will be late tomorrow

Saying that Dokdo is the sanctuary of the Buddha

Seagulls become friends of Buddha

When the waves hit the Buddha's moktak*

Our wish echoes in the air

We will achieve the Eternal Land of Buddha

The Buddha went to Dokdo because it will be late tomorrow

Saying that Dokdo is the sanctuary of the Buddha

Lighthouse lit the candles in Daeungjeon**

The stars in the sky became lotus lanterns

A clear and fragrant seashore spatulate aster

A child monk beloved by the Buddha

 * moktak, wooden percussion instrument used for chanting by Buddhist clergy
** the main building of a temple

독도의 등불

작시: 고산 최동호
작곡: 이문주

별빛이 아스라이 잠드는 밤에
길 잃은 임을 위해 불 밝힌 독도야
내가 너 알기 전에 하나의 점이었고
내가 너 알기 전에 하나의 돌이었다
#
오늘도 뱃머리에 우는 갈매기
귓전에 따가워도 서러워 마라
만선의 꿈을 안고 너를 반기리~

달빛이 그윽하게 물드는 밤에
길 잃은 임을 위해 불 밝힌 독도야
내가 너 알기 전에 상상의 섬이었고
내가 너 알기 전에 갈매기 섬이었다

『독도에 살다』 전충진
도서출판 〈갈라파고스〉

The light of Dokdo

Words by Gosan, Dongho Choi
Music by Moonju Lee

On the night when the starlight falls asleep

It's Dokdo that lights up for the lost

You were a point before I knew you

You were a stone before I knew you

\#

Seagulls cry over the bow again today

Don't be sad, even if it annoys in your ear,

Welcome you with a wish of full load of fish

On a moonlit night

It's Dokdo that lights up for the lost

You were an imaginary island before I knew you

You were a Seagull Island before I knew you

독도 왕국

작시: 고산 최동호
작곡: 김정란

하늘이 내려준 너는 내 친구
어영차 독도야 보고 싶구나
갈매기 주인처럼 섬을 지키는
희망의 보물섬 독도 왕국에
#
석양의 노을 꽃이 곱게 물들면
독도 왕국 왕자님과 우리 한 번 놀아보자

하늘이 불러준 너는 내 친구
어영차 독도야 가고 싶구나
갈매기 주인처럼 나를 반기는
희망의 보물섬 독도 왕국에

포항 영일대

The kingdom of Dokdo

Words by Gosan, Dongho Choi
Music by Jeongran Kim

You are my friend from heaven

Eoyoungcha! Dokdo, I miss you

The seagull guards the island like its master

The Kingdom of Dokdo, the Treasure Island of Hope

#

When the sunset flowers are colored beautifully

Let's play with the prince of The kingdom of Dokdo

You are my friend made by heaven

Eoyoungcha! Dokdo, I want to go to you

A seagull greets me like its master

The Kingdom of Dokdo, the Treasure Island of Hope

독도 만세

작시: 고산 최동호
작곡: 강주현

만세 만세 울리자 독도만세 울리자
강치가 살아서 돌아오는 그 날까지
동해가 떠나 갈듯이 태평양이 떠나 갈듯이
너와 나 손잡고 독도만세 울리자
#
저 푸른 창공에 어화둥둥 불 밝히고
우리는 노래하리 너를 위하여

만세 만세 울리자 독도만세 울리자
강치가 살아서 춤추는 그 날까지
백두산이 떠나 갈듯이 한라산이 떠나 갈듯이
우리는 변해도 너는 변함 없구나

『독도에 살다』전충진
도서출판〈갈라파고스〉

Hurrah, Dokdo

Words by Gosan, Dongho Choi
Music by Joohyun Kang

Hurrah, Hurrah, Let's shout, Dokdo Hurrah, let's shout

Until the day the sea lion comes back alive

Enough to make waves on the East Sea

Enough to make waves on the Pacific Ocean

You and me hand in hand, Let's shout Dokdo Hurrah

#

Lighting up in the blue sky

We sing for you

Hurrah, Hurrah, Let's shout, Dokdo Hurrah, let's shout

Until the day the sea lion comes back to dance

Enough to make waves on the Mt. Baekdu

Enough to make waves on the Mt. Halla

You never change, while we are changing

독도 가는 길

작시: 고산 최동호
작곡: 윤순희

바람아 불지마라 독도 가는 길
우리 님 기다리는 작은 섬나라
갈매기 날개 위에 노래를 싣고
종이배를 타고 가도 나는 좋아요
#
독도로 독도로 임 찾아 가면
먼 길에 오신다고 반겨 주리라

파도야 치지마라 독도 가는 길
우리 님 기다리는 예쁜 섬나라
갈매기 날개 위에 희망을 싣고
조각배를 타고 가도 나는 좋아요

A way to Dokdo

Words by Gosan, Dongho Choi
Music by Soonhee Yoon

The wind, don't blow on the way to Dokdo

A small island where my love waits for me

With a song on the seagull's wings

Even on a paper boat, I like it

#

To Dokdo, to Dokdo, If you are going to Dokdo

You will be greeted by saying that you have come a long way

The waves, don't rise on the way to Dokdo

A beautiful island where my love waits for me

With hope on the seagull's wings

Even on a small boat, I like it

독도! 동방의 횃불이여

작시: 고산 최동호
작곡: 이종만

갈매기 내 집처럼 노래하는 섬 하나
임자 없는 섬이라고 누가 말했나
도도한 기상이 넘치는 독도여
금단의 문을 두드리는 방랑자는 저리 가라
#
동해 바다 수평선에 홀로 선 독도여
동방의 횃불 되어 찬란하게 빛나거라
동방의 횃불 되어 영원히 빛나거라

무심한 등댓불도 손짓하는 섬 하나
임자 없는 섬이라고 누가 탐내나
도도한 자태를 뽐내는 독도여
금단의 문을 서성이는 방랑자는 멀리 가라

『독도에 살다』 전충진
도서출판 〈갈라파고스〉

Dokdo, the Lamp of the East

Words by Gosan, Dongho Choi
Music by Jongman Lee

An island where seagulls sing like in its own house

Who said it's Terra nullius*?

It is Dokdo, full of arrogant spirit

Go away, the wanderer knocking on the forbidden door

#

Dokdo, standing alone on the horizon of the East Sea

Be the Lamp of the East to shine brightly

Be the Lamp of the East to shine forever

An island where even an casual light beckons

Who covets the island, claiming in vain it's without owners

It is Dokdo, boasting a proud figure

Go away, the wanderer hang out at the forbidden door

* an island without owners

독도에 살리라

작시: 고산 최동호
작곡: 송결

내 흘린 땀방울이 젖은 독도에
신기루 돌섬에도 가을빛 찾아오면
별빛 한 줌 바람 한 줌 먹고 피는 꽃
하늘을 덮을 듯 해국이 피었네
#
세상만사 등에 업고 길을 잃어도
언제나 그리운 독도에 살리라

내 흘린 눈물이 젖은 독도에
신기루 돌섬에도 가을빛 찾아오면
달빛 한 줌 파도 한 줌 먹고 피는 꽃
하늘을 덮을 듯 해국이 피었네

그림: 이한결

I will live on Dokdo

Words by Gosan, Dongho Choi
Music by Gyeol Song

On Dokdo, wet by drops of my sweat

When autumn light came to a mirage stone Island

A flower that blooms after eating a handful of starlight and wind

A seashore spatulate aster bloomed and covered the sky

#

Even if I get lost on my back with everything in the world

I will live on Dokdo that I love

On Dokdo, wet by drops of my sweat

When autumn light comes to a mirage stone Island

A flower that blooms after eating a handful of moonlightand waves

A seashore spatulate aster blooms to cover the sky

독도! 천년의 노래

작시: 고산 최동호
작곡: 송결

변방의 천둥 소리 하늘을 찔러도
어기영차 어기영차 노 저어가자
가제 바위 촛대 바위 신비의 섬으로
한 송이 꽃이 진다고 봄날이 다 간다더냐
#
자시 삼경 깊은 밤에 울고 가는 저 기러기
독도를 못 잊어 부르는 천년의 노래일 거야

변방의 바람 소리 하늘을 찔러도
어기영차 어기영차 노 저어가자
구멍 바위 부채 바위 환상의 섬으로
한 마리 새가 난다고 꽃잎이 다 떨어질소냐

그림: 이한경

Dokdo! the Millennium Song

Words by Gosan, Dongho Choi
Music by Gyeol Song

Even if the sound of thunder from the outskirts stabs the sky

Eogiyeongcha, Eogiyeongcha, Let's row a row

To a mysterious island with Gaje Bawi* and Chosdae Bawi

Just because a single flower fades doesn't meanthe spring days are over

#

Goose goes crying in the deep night

It must be a thousand-year-old song that can't forget Dokdo

Even if the sound of winds from the outskirts stabs the sky

Eogiyeongcha, Eogiyeongcha, Let's row a row

To a mysterious island with Gumeong Bawi and Buchae Bawi

Just because a bird flies doesn't mean all the petals fall

* Rocks of Dokdo

독도 형제

작시: 고산 최동호
작곡: 이재석

영롱한 아침 이슬 풀잎에 내리고
동백꽃 소곤소곤 봄맞이 나오면
밤새워 기다리는 낮달을 친구 삼아
간밤에 잘 있는가 독도 형제 만나보세

새하얀 뭉개 구름 등대 위에 잠자고
갈매기 노래하는 독립문 바위로
밤새워 기다리는 샛별을 친구 삼아
간밤에 잘 잤는가 독도 형제 만나보세

독도 형제
서울 경희초등학교 4학년 박손유

Dokdo Brothers

Words by Gosan, Dongho Choi
Music by Jaeseok Lee

The bright morning dew falls on the blades of grass

The camellia flowers come to spring

Making the day moon waiting all night a friend

Let's meet Dokdo brothers, How are you last night?

White puffy clouds sleep over the lighthouse

Seagulls sing on Doglibmun Bawi*

Making the morning star waiting all night a friend

Let's meet Dokdo brothers, How are you last night?

* Rock of Dokdo

동해가 말라 소금밭이 된다해도

작시: 고산 최동호
작곡: 최선기

손으로 하늘을 가릴 수 있나
어리석은 섬 사람들 얼쑤
허망한 꿈을 버려야 하지
언제까지 헛꿈 꾸려나 에헤
#
동해의 깊은 물이 모두 말라
소금밭이 된다 해도
독도는 자랑스런 대한민국
아름다운 섬이로다

손으로 바람을 잡을 수 있나
한심스런 섬 사람들 얼쑤
물거품처럼 사라지는 것을
헛된 꿈에서 언제 깨려나 에헤

(사) 독도 바르게 살기 운동 본부

Even if the East Sea dries up and becomes a salt field

Words by Gosan, Dongho Choi
Music by Seongi Choi

Can you cover the sky with your hands?

Stupid island people, Eolssu!

Let go your empty dreams

How long are you going to dream in vain? Ehe!

\#

Even if the deep waters of the East Sea dries up and

becomes a salt field

Dokdo is pride of Korea

It is a beautiful island

Can you catch the wind with your hands?

Pathetic island people, Eolssu!

Dreams disappear like bubbles

When will you wake up from a vain dream? Ehe!

동해의 아침

작시: 고산 최동호
작곡: 권순동

동해에 떠오르는 찬란한 태양
천년의 불꽃으로 조국을 깨워
화랑의 굳센 기상 살아 넘치고
민족의 푸른 숨결 전하여온다
아~ 보라 동해의 아침 나를 부른다

동해에 떠오르는 찬란한 태양
오천년 역사 위에 희망을 더해
무궁화 향기 속에 얼이 넘치고
백두 한라 맞잡은 손 영원하여라
아~ 보라 동해의 아침 우릴 부른다

서울 대일고: 김성민

Morning on the East Sea

Words by Gosan, Dongho Choi
Music by Soondong Kwon

Brilliant sun rising over the East Sea

Awakening the motherland with a thousand-year flame

It is full of strong spirit of Hwarang*

Delivering the green breath of the nation

Ah, behold, the morning of the East Sea is calling me

Brilliant sun rising over the East Sea

Adding hope to the five thousand-year history

It is full of spirits in the scent of Mugunghwa**

Mt. Baekdu and Mt. Halla, forever your holding hands

Ah, behold, the morning of the East Sea is calling us

* Youth training organization in the Silla Dynasty (AD. 6 c.)
** Korea's national flower

동해의 아침을 보라

작시: 고산 최동호
작곡: 최영섭

동해에 떠 오르는 찬란한 태양
천년의 불꽃으로 조국을 깨워
화랑의 굳센 기상 살아 넘치고
아~보라 동해의 아침 나를 부른다

여명이 밝아오는 찬란한 태양
천년의 불꽃으로 조국을 밝혀
화랑의 굳센 기백 살아 넘치고
아~보라 동해의 아침 나를 부른다

독도 사랑 운동 본부

See the morning on the East Sea

Words by Gosan, Dongho Choi
Music by Youngseop Choi

Brilliant sun rising over the East Sea

Awakening the motherland with a thousand-year flame

It is full of strong spirit of Hwarang*

Ah, behold, the morning of the East Sea is calling me

Brilliant sun rising at dawn

Lighting up the motherland with a thousand-year flame

It is full of strong spirit of Hwarang

Ah, behold, the morning of the East Sea is calling us

* Youth training organization in the Silla Dynasty (AD. 6 c.)

바다와 소년

작시: 고산 최동호
작곡: 황옥경

망망대해 동해바다 홀로 선 작은 섬

허공에 울리는 평화의 깃발이

너울너울 춤추는 독도의 기상이여

기억하라 얼마나 눈물겨운 거룩한 섬인가를…

#

구름이 가려도 태양은 떠 오르고

구름이 가려도 별은 빛난다

망망대해 동해바다 홀로 선 작은 섬

허공에 울리는 자유의 깃발이

너울너울 춤추는 독도의 기상이여

생각하라 얼마나 아름다운 겨레의 섬인가를…

* 후렴부분은 우리 민족의 위대한 저력을 말함

The Sea and the Boy

Words by Gosan, Dongho Choi
Music by Okkyung Hwang

A small island standing alone in the vast East Sea

The flag of peace waving in the air

The spirit of Dokdo is dancing all over the place

Remember what a touching holy island…

#

The sun rises even if the clouds cover it

The stars shine even if the clouds cover it

A small island standing alone in the vast East Sea

The flag of freedom waving in the air

The spirit of Dokdo is dancing all over the place

Think about what a beautiful island of Korean Nation…

* The chorus refers to the great power of our nation

신 독도 아리랑

작시: 고산 최동호
작곡: 윤순희

아무도 모르게 아무도 모르게

내 마음 살짝궁 점 하나 찍고

소리 내어 불러도 말이 없는 너

동쪽 끝 허허바다 기적처럼 남았다

그게 바로 너였다 반갑다 독도야

독도야 반갑다 독도야 반갑다

용궁에 강치도 다 불러내고

백두산 호랑이 제주 궁노루도

동쪽 끝 허허바다 독도로 불러서

아리아리 아리랑 신나게 울리자

어리바리 불청객은 써~억 물러가거라

어리바리 불청객은 써~억 물러가거라

* 서울시 교육감상 대상 수상(음악부분)
(사)대한민국통일문화창작진흥회
제16회 대한민국 독도예술제 (2020)

「독도에 살다」 전충진
도서출판 〈갈라파고스〉

New Dokdo Arirang

Words by Gosan, Dongho Choi
Music by Soonhee Yoon

Secretly, secretly without anyone knowing

Making a little dot in my heart

I call out loud but you don't answer

You are a miracle in the eastern end of the empty sea

It's you. Nice to meet you, Dokdo

Nice to see you Dokdo, nice to see you Dokdo

Calling out all the sea lions to the dragon palace

Calling out Mountain Baekdu's Tiger andIsland Jeju's Siberian musk deer

To Dokdo in the eastern end of the empty sea

Let's have fun ari, ari, arirang

Back away, foolish uninvited guest

Back away, foolish uninvited guest

* Award of Superintendent of Education of the City of Seoul (Music Division)
(Corporation) Korea Unification Culture Promotion Association
The 16th Korea Dokdo Art Festival (2020)

아! 우리 독도여

작시: 고산 최동호
작곡: 운산 최영섭

삼천리 이 강산에 바위 섬 하나
내 한 점 고운 살을 던진 독도여
저 푸른 동해 바다 품에 안기어
대한봉 우산봉이 우뚝 솟았네
아~ 겨레의 높은 이 기상 누가 막으리오
천년만년 우리 함께 영원하라 독도여~

삼천리 이 강산에 외딴 섬 하나
내 한 점 고운 살을 던진 독도여
저 넓은 동해 바다 파도를 안고
대한봉 우산봉이 늠름하구나
아 겨레의 힘찬 이 정기 누가 꺾으리오
천년만년 우리 함께 영원하라 독도여~

『독도에 살다』 전충진
도서출판 〈갈라파고스〉

Ah! our Dokdo

Words by Gosan, Dongho Choi
Music by Youngseop Choi

A rocky island on the whole land of Korea

Dokdo, where I threw a piece of my fine flesh

Embraced in the blue East Sea

Daehanbong* Uusanbong** soared proudly

Ah, who can stop this high spirit of the people?

Forever, Dokdo, let's be together forever

A lonely island on the whole land of Korea

Dokdo, where I threw a piece of my fine flesh

Embracing the waves of the wide East Sea

Daehanbong Uusanbong soared proudly

Ah, who can break this powerful spirit of the people?

Forever, Dokdo, let's be together forever

* West Islet of Dokdo
** East Islet of Dokdo

영원하라 독도여

작시: 고산 최동호
작곡: 권순동

삼천리 이 강산에 바위 섬 하나
대한의 또 하나의 뜨거운 심장
저 푸른 동해 바다 품에 안고서
대한봉 우산봉이 우뚝 솟았네
아~ 겨레의 높은 이 기상
누가 막으리오
천년만년 우리와 함께
영원하라 독도여~

사단법인 독도 문화 협회

Forever Dokdo

Words by Gosan, Dongho Choi
Music by Soondong Kwon

A rocky island on the whole land of Korea

Another hot heart of Korea

Embracing the blue East Sea in his arms

Daehanbong* Uusanbong** soared proudly

Ah, the high spirit of the people

Who can stop?

Let's be together forever

Forever, Dokdo~

우리 섬 독도여

작시: 고산 최동호
작곡: 이문주

여명의 햇살을 한 몸에 안고
불꽃같이 솟아오른 우리 독도여
동해 바다 숨은 듯이 홀로 있어도
너는 외롭지 않아 우리 있음에
#
저 수평선 너머로 잠들지 않는
아름다운 섬 독도여 우리 독도여~

여명의 햇살을 한 몸에 안고
불꽃같이 솟아오른 우리 독도여
동해 바다 숨은 듯이 홀로 남아도
너는 두렵지 않아 우리 있음에

경북도청 미디어팀

Dokdo, Our Island

Words by Gosan, Dongho Choi
Music by Moonju Lee

Embracing the sunlight of the dawn

Rising like a flame, Our Dokdo

Even if you are alone hidden in the East Sea

You are not lonely because we are with you

\#

Never sleeps beyond that horizon

Beautiful island Dokdo, our Dokdo~

Embracing the sunlight of the dawn

Rising like a flame, Our Dokdo

Even if you are alone hidden in the East Sea

You are not lonely because we are with you

임이 오시는 날

작시: 고산 최동호
작곡: 주성희

바람아 불지마라 임이 오시는 날
먼 길에 오고 싶은 임도 못 온다
양지쪽 바위틈에 풀꽃 한 송이
내 임의 마중인가 곱게 피었네
#
바람아 불지마라 독도에 불지마라
내 임이 먼 길을 오시는 그날까지~

바람아 불지마라 임이 오시는 날
먼 길에 보고 싶은 임도 못 본다
바위틈 작은 웅달 풀꽃 한 송이
내 임의 등불인가 곱게 피었네

The day my beloved coming

Words by Gosan, Dongho Choi
Music by Seonghee Joo

Wind, don't blow, the day when my beloved comes

If it winds, he can not come a long way

A flower in the crevice of the rock on the sunny side

It bloomed nicely to welcome my beloved

\#

Wind, don't blow, don't blow on Dokdo

Until the day my beloved comes a long way

Wind, don't blow, the day when my beloved comes

If it winds, I can not see my beloved a long way

A small flower in the crevice of the rock on the shady side

It bloomed nicely to light up my beloved

작은 거인, 독도

작시: 고산 최동호
작곡: 주성희

여명의 새 아침이 열리는 저 바다에
태평양을 달려온 거센 바람 막아주는
늠름한 작은 거인 우리 독도야
영원히 영원히 잊지 말아요

여명의 새 아침이 밝아오는 저 바다에
태평양을 건너온 거센 파도 막아주는
늠름한 작은 거인 잊지 말아요
영원히 영원히 잊지 말아요

독도 사랑 운동 본부

A little giant, Dokdo

Words by Gosan, Dongho Choi
Music by Seonghee Joo

In the sea where a new morning at dawn opens

It blocks the strong winds that ran through the Pacific Ocean

It is our Dokdo, a dignified little giant

Forever, forever don't forget

In the sea where a new morning at dawn opens

It blocks the strong waves that ran through the Pacific Ocean

It is our Dokdo, a dignified little giant

Forever, forever don't forget

할미꽃 할머니

작시: 고산 최동호
작곡: 윤순희

할머니 할머니 할미꽃 할머니
심신 산골 홀로 앉아 무슨 생각 하시나요
어릴적 못다한 꿈이라도 있습니까
어릴적 보고 싶은 친구가 있습니까
#
흘러간 지난 날은 미련 없이 잊으시고
우리 땅 독도로 구경 오세요

할머니 할머니 할미꽃 할머니
해마다 봄이면 세상 구경 오시네요
어릴적 못다한 소원이 있습니까
어릴적 찾고 싶은 친구가 있습니까

Grandma Pasqueflower

Words by Gosan, Dongho Choi
Music by Soonhee Yoon

Grandma, grandma, grandma Pasqueflower

What are you thinking sitting alone in the depths of the country?

Unfulfilled dreams of your childhood

Friends of your childhood you would like to see

#

Forget the past days without any regrets

Come see our land, Dokdo

Grandma, grandma, grandma Pasqueflower

Every spring, you come to see the world

Unfulfilled wishes of your childhood

Friends of your childhood you would like to find

할아버지와 독도

작시: 고산 최동호
작곡: 최선기

지난 날 할아버지가 남기신 발자취
가문의 영광으로 부르신 노래는
오천년 폭풍에도 아름다운 섬이라고
귓전에 맴을 도는 독도랍니다

지난 날 할아버지가 남기신 발자취
가문의 영광으로 부르신 이름은
오천년 세월에도 변함없는 섬이라고
귓전에 맴을 도는 독도랍니다

사단법인 독도 문화 협회

Grandpa and Dokdo

Words by Gosan, Dongho Choi
Music by Seongi Choi

The footsteps left behind by my grandfather

The song sang in the glory of the family

It is a beautiful island remained even in a five thousand year storm

It is Dokdo that revolves around ears

The footsteps left behind by my grandfather

The name called in honor of the family

It is an island unchanged even after five thousand years

It is Dokdo that revolves around ears

걸어서 독도 갈래요

작시: 고산 최동호
작곡: 서혜선

걸어서 걸어서 독도 갈래요

누가 부르는 사람 없어도 독도 갈래요

*우러러 한 점의 부끄럼 없이

눈물로 바다를 채운다 해도

\#

걸어서 걸어서 독도 갈래요

할아버지의 할아버지 고향이니까…

걸어서 걸어서 독도 갈래요

누가 오라는 사람 없어도 독도 갈래요

*우러러 한 점의 부끄럼 없이

맨발로 바다를 건넌다 해도

* 별표 문장은 윤동주 시인의 『서시』에서 따옴

I'm going to Dokdo on foot

Words by Gosan, Dongho Choi
Music by Hyeseon Seo

On foot, on foot I'm going to Dokdo

I'm going to Dokdo even without anyone calling me

With no shame in looking up to the sky*

Even if I fill the sea with my tears

#

On foot, on foot I'm going to Dokdo

Because it's my grandfather's hometown…

On foot, on foot I'm going to Dokdo

I'm going to Dokdo even without anyone inviting me

With no shame in looking up to the sky*

Even if I cross the sea barefoot

* quoted from the Poet of Dong-ju Yun, "Seosi (序詩)"

달아 달아 밝은 달아

작시: 고산 최동호
작곡: 박성미

달아 달아 밝은 달아 만공에 밝은 달아
어머니 가슴처럼 솟아오른 두 봉우리
여든 아홉 독도 형제 달빛 속의 미소여
에헤야 에헤야디야 경이로구나
#
서역 만리 지는 달도 내일이면 다시 떠서
찾아오는 예쁜 섬 우리 작은 섬
경이로구나 경이로구나

달아 달아 밝은 달아 만공에 밝은 달아
어머니 얼굴처럼 눈에 익은 두 봉우리
여든 아홉 독도 얼굴 달빛 속의 미소여
에헤야 에헤야디야 경이로구나

Moon Moon, A Bright Moon

Words by Gosan, Dongho Choi
Music by Seongmi Park

Moon, Moon, A bright Moon, It is full in the sky

Two peaks rising like mother's chest

Eighty-nine Dokdo's brother-rocks smile in the moonlight

Eheya, Eheyadiya, It's amazing

#

The moon setting far in the west will rise again tomorrow

A beautiful island that the moon comes to is our little island

It's a wonder, it's a wonder

Moon, Moon, A bright Moon, It is full in the sky

Two peaks as familiar as mother's face

Eighty-nine Dokdo's brother-rocks smile in the moonlight

Eheya, Eheyadiya, It's amazing

독도 코리아(DokDo Korea)

작시: 고산 최동호
작곡: 우덕상

수평선 저 멀리 그리운 고향 바다
민족의 얼이 숨은 말 없는 독도여
동해의 깊은 물이 말라서 소금 꽃이 피어도
오매불망 잊지 말고 우리 함께 노래해요
#
독도 코리아 독도 코리아 에헤라 좋구나
얼싸 좋네 얼싸 좋네 영원히 영원히~~

천년의 숨결이 흐르는 고향 바다
겨레의 정기 어린 말 없는 독도여
동해의 푸른 물이 말라서 소금 꽃이 피어도
오매불망 잊지 말고 우리 함께 노래해요

사단법인 독도 문화 협회

Dokdo, Korea

Words by Gosan, Dongho Choi
Music by Deoksang Woo

Far away on the horizon, the sea of my hometown I longed for

Dokdo with the spirit of the nation hidden is silent

Even if the deep water of the East Sea dries up and the salt flowers bloom

Don't forget, let's sing together

#

Dokdo Korea, Dokdo Korea, Ehera, Good

Eolssa, It's good, Eolssa, it's good, forever, forever

In the hometown sea where the breath of a thousand years flows

Dokdo with the spirit of the Korean people engraved is silent

Even if the blue water of the East Sea dries up andthe salt flowers bloom

Don't forget, let's sing together

독도에서 온 편지

작시: 고산 최동호
작곡: 박성미

찬란한 아침 햇살 잠에서 깨면

스치는 바람에도 노래가 되고

한송이 풀꽃에도 시가 흐르고

갈매기 형제도 나와서 반겨줍니다

#

여기는 독도 통신 잊지마세요

요정들의 놀이터 구경오세요

힘겨운 하루도 서산에 지면

밤하늘 숨은 별 총총 내리고

달님은 휘영청 밤길 비추고

등대도 하룻밤 이정표를 밝혀줍니다

사진: 주광석

A letter from Dokdo

Words by Gosan, Dongho Choi
Music by Seongmi Park

When the bright morning sun wake up

Even the passing wind becomes a song

Poetry flows even in a single flower

Seagull brothers also come out to greet

#

Here, Dokdo communication, Don't forget

Come see the fairy's playground

Even a hard day as usual sets to West Mountain

The hidden stars in the night sky show down

The moon lights up the night road

The lighthouse also lights up milestones overnight

독도 그 사람

작시: 고산 최동호
작곡: 송결

파도가 잠을 깨우는 독도 1번지

땅채송화 꽃이 피면 온다는 그 사람

주고 간 사진 한 장 거울처럼 앞에 놓고

손꼽아 기다리는 내 마음 아시나요

#

물소리 자박자박 밟고 오세요

때늦은 후회없이 돌아 오세요

파도가 섬을 깨우는 독도 1번지

떠날 때는 찰떡같이 온다는 그 사람

해가 가고 달이 가도 소식 없는 그리움에

난 그만 조용히 눈물도 말랐어요

The person, Dokdo

Words by Gosan, Dongho Choi
Music by Gyeol Song

Dokdo 1, where waves wake up sleep

The person who said he would come when the flower of

the earth lily of the valley blooms

Putting the photo he gave me in front of me like a mirror

Do you know my long-awaited heart

#

Come and step on the ground to make the sound of water

Come back with no regrets too late

Dokdo 1, where waves wake up the island

The person who said he would come back definitely when he left

There is no news with every sunrise and sunset andevery moonrise and moonset

With longing for, my tears quietly dried

섬의 노래 40240

작시: 고산 최동호
작곡: 백승태

파도가 손뼉 치는 꿈꾸는 놀이터에
수줍어 얼굴 붉힌 동백꽃 한 송이
너무나 애처로워 눈으로 꺾고
독도의 봄소식을 전해줄래요

등대가 촛불처럼 밝히는 놀이터에
고요히 들려오는 자장가 파도 소리
내일의 푸른 꿈을 가슴에 안고
포근한 엄마 품에 잠이 들어요

*40240: 독도 우편번호

사단법인 독도 문화 협회

The Island Song, Postal Code 40240

Words by Gosan, Dongho Choi
Music by Seungtae Baek

On the dream playground where the waves clap

A camellia flower blushed shyly

So pathetic, with eyes I plucked it

With it, I will tell you the news of Dokdo's spring

On the playground where the lighthouse lights up like a candle

Lullaby sound of waves quietly heard

Holding the blue dream of tomorrow in my heart

I fall asleep warm in mother's arms

* 40240 is Dokdo's Postal Code

그 누가 알리오 소녀의 눈물을
(끌려간 소녀의 슬픈 노래)

작시: 고산 최동호
작곡: 운산 최영섭

그 누가 알리오 서러운 눈물
머나먼 이국땅에 어린 몸으로
생이별 치마폭에 울던 소녀여
못 잊을 깊은 상처 언제 씻으리
아 비바람 눈보라 쳐도 봄은 다시 오는가
타오르는 붉은 태양은 너의 심장이려니…

그 누가 잊으리오 꽃다운 얼굴
낯설은 이국땅에 몸을 가누고
쓰라린 가슴으로 울던 소녀여
못 잊을 남은 상처 누가 씻으리
아 비바람 눈보라 쳐도 꽃은 다시 피는가
타오르는 붉은 태양은 너의 심장이려니…

작가 박병규

Who knows the tears of a girl
(A sad song of a girl who was drafted by force)

Words by Gosan, Dongho Choi
Music by Youngseop Choi

Who knows the sad tears of a girl?

As a child in a distant foreign land

The girl who cried in her skirt

When will the unforgettable deep wounds be washed away?

Ah, will spring come again even with rains, winds, and blizzards

The blazing red sun is your heart…

Who will forget the flowery face?

Soaking in an unfamiliar foreign land

The girl who cried with a broken heart

Who will wash away the unforgettable scars?

Oh, will the flowers bloom again even with rains,winds, and blizzards

The blazing red sun is your heart…

나의 어머니

작시: 고산 최동호
작곡: 이문주

내 고향 뻐꾸기가 우는 시골집

호호 늙은 어머니 보고 싶어서

이 못난 자식 하나 찾아 가면은

따듯한 밥 한 그릇 차려주시고

모진세상 얘기마다 눈물 훔친 어머니

#

아~ 벽에 걸린 사진 한 장

낮달처럼 희미해도

언제나 보고 싶은 어머니 나의 어머니

한 떨기 채송화가 피는 시골집

호호 늙은 어머니 홀로 두고서

이 못난 자식 하나 집을 떠나면

텃밭에 풋고추도 따서 주시고

돌아서는 발걸음엔 눈물 훔친 어머니

My Mother

Words by Gosan, Dongho Choi
Music by Moonju Lee

My country house of hometown where the cuckoo crows

Hoho, I miss my old mother

When a prodigal son came

Serving a bowl of warm rice

Mother stole her tears every time she heard about the harsh world

#

Ah, a picture hanging on the wall

Even if it's faint like the day moon

Mother, I always miss you, my mother

My country house in which a single rose moss blooms

Hoho, Leaving old mother alone

When a prodigal son leaves home

Picking green peppers in the garden and giving them to me

Mother stole her tears as she turned around

독도 어록 12문

1. 독도 코리아 (DoKdo KOREA) 동방의 햇불되어 찬란하게 빛나거라

2. 동해의 깊은 물이 말라서 소금꽃이 피어도 독도는 영원하리

3. 구름이 가려도 태양은 떠 오르고 구름이 가려도 별은 빛난다

   (우리 민족의 저력을 말함)

4. 기억하라 얼마나 눈물겨운 거룩한 섬인가를 생각하라

   얼마나 아름다운 겨레의 섬인가를

5. 자시삼경 깊은 밤에 울고 가는 저 기러기 독도를 못 잊어

   부르는 천년 노래일거야.

6. 조각달 부서져서 독도되었나 은하수 별 하나가 독도되었나

   북두칠성 칠 형제가 보고 있는 섬

7. 하얀 수평선 동해 바다가 즐거운 너의 집 마당이란다

8. 할아버지 할아버지의 고향입니다 물소리 자박자박 밟고 오세요

9. 어리바리 불청객은 썩 물러가거라 금단의 문을 서성이는

   방랑자는 저리가라

10. 어머니 가슴처럼 솟아오른 두 봉우리(동도와 서도)

11. 내 마음 깊은 곳에 새긴 그 이름 아득한 꿈결에도 불러보는 섬이여

12. 찬란한 이 강산 아침의 나라에서 세상만사 얼룩져도 이 발길 머무는 곳

12 Sentences for Dokdo

1. Dokdo KOREABe the Lamp of the East and shine.

2. Even if the deep waters of the East Sea dry up and

   salt flowers bloom, Dokdo will last forever.

3. The sun rises even when covered with the clouds, the stars shine even

   when covered with the clouds(It refers to the power of our people)

4. Remember what a holy island with so much tears,

   Think what a beautiful island of Korean Nation.

5. The goose fly weep in the middle of the night.

   It must be a thousand- year-old song that can't forget Dokdo,

6. Is the crescent moon broken up to become Dokdo?Is a star in the Milky Way to

   become Dokdo?An island, watched out by the Big Dipper seven brothers

7. With white horizon, the East Sea is your happy yard

8. Grandpa, Grandpa, It is your hometownCome and step on the ground

   to make the sound of water

9. Back away, foolish uninvited guestGo away, the wanderer knocking

   on the forbidden door

10. Two peaks rising like mother's chest(the East and West Islet of Dokdo)

11. That name engraved in the depths of my heart, calling even in a distant dream

12. In this brilliant land of the Morning CalmThe place where you stay,

    even if everything in the world is stained

부록

유튜브
재생목록
& 악보
(51개)

유튜브 재생 목록
YouTube playlist

Dokdo! the Millennium Songs

I want to go to the Island

독도 그 사람

작시: 고산 최동호
작곡: 송결
노래: 김민국

파도가 잠을 깨우는 독도 1번지
땅채송화 꽃이 피면 온다는 그 사람
주고 간 사진 한 장 거울처럼 앞에 놓고
손꼽아 기다리는 내 마음 아시나요

#
물소리 자박자박 밟고 오세요
때늦은 후회없이 돌아 오세요

파도가 섬을 깨우는 독도 1번지
떠날 때는 칼떡같이 온다는 그 사람
해가 가고 달 가도 소식 없는 그리움에
난 그만 조용히 눈물도 말랐어요

The person Dokdo

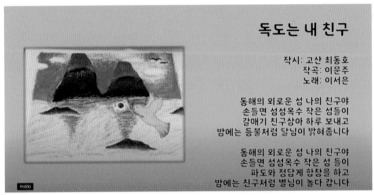

독도는 내 친구

작시: 고산 최동호
작곡: 이문주
노래: 이서은

동해의 외로운 섬 나의 친구야
손들면 성성옥수 작은 섬들이
갈매기 친구삼아 하루 보내고
밤에는 등불처럼 달님이 밝혀줍니다

동해의 외로운 섬 나의 친구야
손들면 성성옥수 작은 섬 들이
파도와 정답게 합창을 하고
밤에는 친구처럼 별님이 놀다 갑니다

My friend, Dokdo

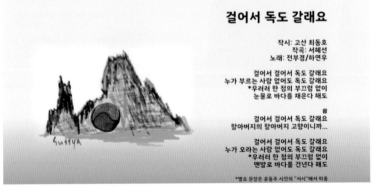

걸어서 독도 갈래요

작시: 고산 최동호
작곡: 서혜선
노래: 전부경/하연우

걸어서 걸어서 독도 갈래요
누가 부르는 사람 없어도 독도 갈래요
*우러러 한 점의 부끄럼 없이
눈물로 바다를 채운다 해도

#
걸어서 걸어서 독도 갈래요
할아버지의 할아버지 고향이니까...

걸어서 걸어서 독도 갈래요
누가 오라는 사람 없어도 독도 갈래요
*우러러 한 점의 부끄럼 없이
맨발로 바다를 건넌다 해도

*별표 문장은 윤동주 시인의 "서시"에서 차용

I'm going to Dokdo on foot

My star, Dokdo

Train to Dokdo

Dokdo, the Lamp of the East

Dokdo is a magician

Dokdo, a little boy

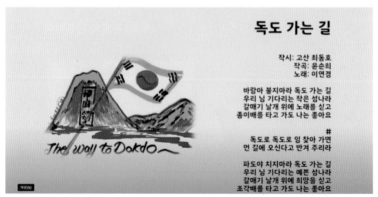

A way to Dokdo

달빛 동행

작시: 고산 최동호
작곡: 최선기
노래: 정은진

바람처럼 살며시 찾아오세요
갈매기 형제들이 도란도란 사는 섬
파도가 윙크하는 별들의 고향에서
달빛을 동행하고 노래합시다

#
에야디야 상사디야 에해야 상사디야
영원히 잊지 못할 독도이기에
눈송이처럼 조용히 찾아오세요
풀벌레 형제들이 도란도란 사는 섬
거룩한 이 강산 아침의 나라에서
영원한 동반자로 노래합시다

Accompanying moonlight

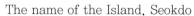

그 이름, 석도

작시: 고산 최동호
작곡: 서혜선
노래: 강윤주/최서우

이 세상 하나 밖에 없는 그 이름
물 깊어 못 가나요 산 높아 못 가나요
언제나 우리를 기다리는 섬
내 마음 깊은 곳에 새긴 그 이름
아침에 눈을 뜨면 불러봅니다

친구야 소풍 가자 같이 가보자
파도에 몸을 싣고 구름에 깃발 달고
언제나 우리를 기다리는 섬
내 마음 깊은 곳에 숨은 그 이름
아침에 눈을 뜨면 불러봅니다

*돌섬, 독섬, 석도: 독도의 다른 이름

The name of the Island, Seokdo

독도에서 하룻밤을

작시: 고산 최동호
작곡: 송결
노래: 이한경

사무친 그리움이 가슴을 적실 때
제일먼저 생각나는 그 사람 하나
제일먼저 보고싶은 그 사람 하나
이렇게 못잊어 불러봅니다
아담과 이브가 만나는 그날처럼
독도에서 하룻밤을 만나봅시다

사무친 그리움이 가슴을 적실 때
제일먼저 생각나는 그 사람 하나
제일먼저 보고싶은 그 사람 하나
이렇게 못잊어 불러봅니다
견우와 직녀가 만나는 그날처럼
독도에서 하룻밤을 만나봅시다

One night on Dokdo

Forever Dokdo

Even if the East Sea dries up and becomes a salt field

Dokdo is not alone

독도로 간 부처님

작시: 고산 최동호
작곡: 이종만
노래: 권려원

내일이면 늦다고 독도로 간 부처님은
독도가 부처님의 법당이래요.
갈매기는 부처님의 친구가 되고
파도는 부처님의 목탁을 치면
허공에 울리는 우리의 소원
무량억겁 불국토를 이루오리다

내일이면 늦다고 독도로 간 부처님은
독도가 부처님의 도량이래요.
등대는 대웅전에 촛불로 켜고
저 하늘 별빛들을 연등에 달면
맑고도 향기로운 해국 한 송이
부처님이 사랑하는 애기동자랍니다.

Dokdo is not alone

독도 형제

작시: 고산 최동호
작곡: 이재석
노래: 백기란

영롱한 아침 이슬 풀잎에 내리고
동백꽃 소곤소곤 봄맞이 나오면
밤새워 기다리는 낮달을 친구 삼아
간밤에 잘 있는가 독도 형제 만나보세

새하얀 뭉개 구름 등대 위에 잠자고
갈매기 노래하는 독립문 바위로
밤새워 기다리는 샛별을 친구 삼아
간밤에 잘 잤는가 독도 형제 만나보세

Dokdo Brothers

신 독도 아리랑

작시: 고산 최동호
작곡: 윤순희
노래: 한나예

아무도 모르게 아무도 모르게
내 마음 살락궁 점 하나 찍고
소리 내어 불러도 말이 없는 너
동쪽 끝 허허바다 기적처럼 남았다
그게 바로 너였다 반갑다 독도야

독도야 반갑다 독도야 반갑다
용궁에 강치도 다 불러내고
백두산 호랑이 제주 궁노루도
동쪽 끝 허허바다 독도로 불러서
아리아리 아리랑 신나게 울리자

어리바리 불청객은 써~억 물러가거라
어리바리 불청객은 써~억 물러가거라

A New Dokdo Arirang

The Morning on the East Sea

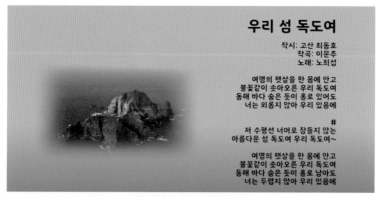

Dokdo, Our Island

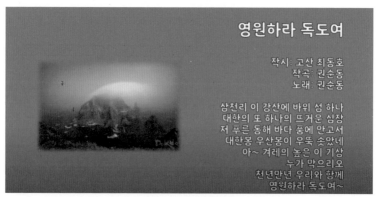

Forever Dokdo

Ah! our Dokdo

The light of Dokdo

The day my beloved coming

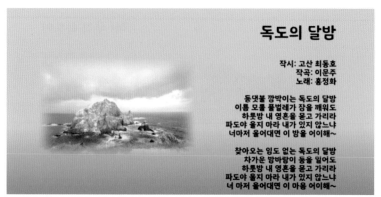

독도의 달밤

작시: 고산 최동호
작곡: 이문주
노래: 홍정화

등댓불 깜박이는 독도의 달밤
이름 모를 풀벌레가 잠을 깨워도
하룻밤 내 영혼을 묻고 가리라
파도야 울지 마라 내가 있지 않느냐
너마저 울어대면 이 밤을 어이해~

찾아오는 임도 없는 독도의 달밤
차가운 밤바람이 등을 밀어도
하룻밤 내 영혼을 묻고 가리라
파도야 울지 마라 내가 있지 않느냐
너 마저 울어대면 이 마음 어이해~

A moonlit night in Dokdo

독도의 바람

작시: 고산 최동호
작곡: 오해균
노래: 장보연

여명의 햇살을 한 몸에 안고
불꽃같이 솟아오른 우리 독도여
은하수 별 하나가 독도 되었나
북두칠성 칠 형제가 보고 있는 섬
#
별빛이 속삭이는 뱃길을 따라가면
너를 만날까.
달빛이 잠든 밤에 등댓불 찾아가면
너를 만날까.

뜨내기 구름 한 점 머물다가도
파도 소리 성큼 성큼 달려오는섬
조각달 부서져서 독도 되었나
북두칠성 칠 형제가 놀다 가는 섬

Wind of Dokdo

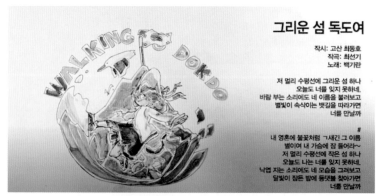

그리운 섬 독도여

작시: 고산 최동호
작곡: 최선기
노래: 백기란

저 멀리 수평선에 그리운 섬 하나
오늘도 너를 잊지 못하네.
바람 부는 소리에 네 이름을 불러보고
별빛이 속삭이는 뱃길을 따라가면
너를 만날까
#
내 영혼에 불꽃처럼 그새긴 그 이름
별이여 내 가슴에 잠 들어라~
저 멀리 수평선에 작은 섬 하나
오늘도 나는 너를 잊지 못하네.
낙엽 지는 소리에도 네 모습을 그려보고
달빛이 잠든 밤에 등댓불 찾아가면
너를 만날까

Dokdo, the Island I miss

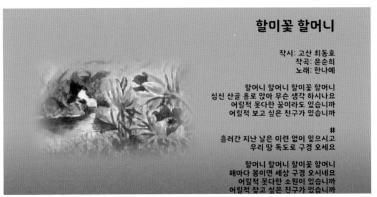

할미꽃 할머니

작시: 고산 최동호
작곡: 윤순희
노래: 한나예

할머니 할머니 할미꽃 할머니
심신 산골 홀로 앉아 무슨 생각 하시나요
어릴적 못다한 꿈이라도 있습니까
어릴적 보고 싶은 친구가 있습니까

\#
흘러간 지난 날은 미련 없이 잊으시고
우리 땅 독도로 구경 오세요

할머니 할머니 할미꽃 할머니
해아다 봄이면 세상 구경 오시네요
어릴적 못다한 소원이 있습니까
어릴적 찾고 싶은 친구가 있습니까

Grandma Pasqueflower

독도에 살리라

작시: 고산 최동호
작곡: 송결
노래: 이한경

내 흘린 땀방울이 젖은 독도에
신기루 돌섬에도 가을빛 찾아오면
별빛 한 줌 바람 한 줌 먹고 피는 꽃
하늘을 덮을 듯 해국이 피었네

\#
세상만사 등에 업고 길을 잃어도
언제나 그리운 독도에 살리라
내 흘린 눈물이 젖은 독도에
신기루 돌섬에도 가을빛 찾아오면
달빛 한 줌 파도 한 줌 먹고 피는 꽃
하늘을 덮을 듯 해국이 피었네

I will live on Dokdo

그 섬에 가고 싶다

작시: 고산 최동호
작곡: 백승태

별 빛 타고 내려 오는 ─
달 빛 타고 내려 오는

나 의 꿈이 숨은 섬에 ─ 바 람 이 쓰다 듬 는
나 의 꿈을 찾는 섬에 ─ 은 하 수 별 하 나 가

1

그 섬에 가고 싶다

작은풀 - 한 포기 도　파도가 - 쓰다듬 는
독 - - - 도 되었 나　조각달 - 부서져 서

돌 - 하 나 도　보 고싶은그 - 섬에 - 그 -
독 - 도 되었 나　보 고싶은그 - 섬에 - 그 -

섬 에 가고 싶다 - 가고 싶 다　위 대 한 성자 처 럼
섬 에 가고 싶다 - 가고 싶 다　위 대 한 성자 처 럼

성 - 자 처 럼　아 늑 한 꿈결 에도 달 려
성 - 자 처 럼

그 섬에 가고 싶다

가 는섬 이 여   아 늑 한 꿈결 에 도 불 러

보 는섬 이 여 불 러 보 는섬 이 여

그 이름 독도

작시: 고산 최동호
작곡: 최선기

이 세상 - 하나밖에 없는 동 해의 - 섬
친 구야 - 소풍 가자 같이 동 해의 - 섬

물 있어 - 건너 가지 못 할까 산 있어 - 건너 가지 못 할까
파 도가 - 힘에 겨워 못 갈까 바 람이 - 길을 막아 못 갈까

언 제나 우리를 언 제나 우리를 기 다 리 는 너 -

그 이름 - 독 도 - 그 이름 - 독 도 -

그 이름 석도

작시: 고산 최동호
작곡: 서혜선

1.이 세 상 하 나 밖 에 없 는 그 이 름
2.친 구 야 소 풍 가 자 같 이 가 보 자

물 깊 어 못 가 나 요 산 높 아 못 가 나 요
파 도 에 몸 을 싣 고 구 름 에 깃 발 달 고

나의 별 독도

작시: 고산 최동호
작곡: 윤순희

나의 별 독도

달빛동행

작시: 고산 최동호
작곡: 최선기

바 - 람 처 럼 살 - 며 시 찾 - 아 오 - 세 요 -
눈 송 이 처 럼 조 - 용 히 찾 - 아 오 - 세 요 -

갈 - 매 기 - 형 - 제 들 이 도 란 도 란 사 는 섬 -
풀 - 벌 레 - 형 - 제 들 이 오 손 도 손 사 는 섬 -

파 도 가 윙 크 하 는 별 들 의 고 향 에 서 -
거 룩 한 이 - 강 산 아 침 의 나 라 에 서 -

달 빛 을 동 행 하 - 고 노 - 래 합 시 다 -
영 원 한 동 반 자 로 노 - 래 합 시 다 -

에 야 디 야 상 사 디 야 에 헤 야 상 사 디 - 야 - -

영 원 히 잊 지 못 할 독 - 도 이 기 에 -

영 원 히 잊 지 못 할 독 - 도 이 기 에 -

내사랑 독도야

작시 고산 최동호
작곡 최강산

만 경 창 파 배 떠 워 라 동 해 바—다 에 —

가 고 싶 다 독—도 야 바 닷 길 저—멀 리 —
보 고 싶 다

세 상 만 사 얼 룩 져 도 이 발 길 머 무 는 곳 —
이 마 음 머 무 는 곳 —

다—함 께 노 래 하 자 손 에 손—잡 고 —

저 바 다 깊 은 물 이 마 르 는 그 날 까 지 —

내 맘 속 깊 이 깊 이 너 를 안 고 가 리—라 —

아 련 한 첫 사 랑 의 연—인—같 은 —

독—도 야 독—도 야 내 사 랑 독—도 야 —

그리운 섬 독도여

작시: 고산 최동호
작곡: 최선기

저 멀리 수평선 에 - 그리운 섬 - 하나 -
저 멀리 수평선 에 - 작은 섬 - 하나 -

오늘 도 나는 너 를 - 잊 지 못 - - 하네 -
오늘 도 나는 너 를 - 잊 지 못 - - 하 네

바람 - 부는 소리에 도 네 이름 불러 봅 니 다
낙엽 - 지는 소리에 도 네 모습 그려 봅 니 다

별빛 이 속삭 이는 뱃길 을따라 가면 너를 만날 까 - - - 오! -
달빛 이 잠든 밤에 등댓 불찾아 가면 너를 만날 까 - - - 오! -

내 영혼 불꽃 처 - 럼 - 새긴 - 그 이 - - 름 독 도 여 - - - 독 도 여

- 내 가 슴에 잠 들 어 라

독도 꼬마야

작시: 고산 최동호
작곡: 윤순희

꼬 마 야 꼬 마 야 독 도 꼬 마 야
꼬 마 야 꼬 마 야 독 도 꼬 마 야

누 가 너 를 보 고 돌 을 던 지 나
작 은 고 추 가 — 맵 다 고 했 지

미 워 하 나 봐 싫 어 하 나 봐
기 죽 지 마 라 겁 내 지 마 라

하 늘 이 무 너 져 도 지 켜 줄 꺼 야
하 늘 이 무 너 져 도 함 께 할 꺼 야

굿거리

하 얀 — 수 평 선 동 해 바 다 가 —

즐 거 운 너 의 집 마 당 이 란 다 —

Score

독도 메아리

작시: 고산 최동호
작곡: 김병균

♩ = 150 (굿거리 풍으로)

이 세 상 하 나 밖 에 —

없 는 그 — 이 름 — 물 깊 어 못 가 나 요 —

2   독도 메아리

산 높아 못 가 나 요 ─

(Tutti)

친구야 소풍 가 자 ─ 같 이 가 보 자 ─

친구야 소풍 가 자 ─ 같 이 가 보 자 ─

독 도 메 아 리

4

독도 메아리

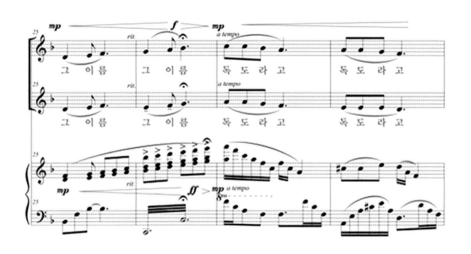

독도 메아리

6　　　　　　　　　　　독도 메아리

독도 메아리

독도 예찬

작시: 고산 최동호, 최선기
작곡: 최선기

동 해에 쏟아지는 별 빛처 럼 - 우 리의 가-슴에 빛나는 섬이여 -
동 해에 부서지는 별 빛처 럼 - 우 리의 가-슴에 스미는 섬이여 -

검은마음으로헛된꿈을꾸는 - 일본을 뿌리치고언제나-그자리에 빛나는별이되라
헛된말과말로생 - 떼를쓰는 - 일본을 단호하게꾸짖어-그자리에 빛나는별이되라

아 아 - 동 해에 독 도가 있으 니 - 느 낄수 있 는

우리의 한결같 은 마음은 깊고깊은- 사 랑이 야

아 아 - 동 해에 독 도가 있으 니 - 느 낄수 있 는

우 리의 한결같 은 마음은 깊고깊은- 사 랑이 야

독도의 바람

작시: 고산 최동호
작곡: 오해균

여 ~명의 햇살을 한몸~에 안~고 불꽃
뜨 ~ 네기 구름이 머물~다가~도 파도

같이 솟아오른 우~리~독도~여 은하
소리 성큼성큼 달~려~오는~섬 조각

수 별하나가 독~도 되었~나 북두
달 부서져서 독~도 되었~나 북두

칠 성 칠형제가 보 고있~는 섬
칠 성 칠형제가 놀 다가~는 섬

별 빛이속삭이는 뱃길을 따라가면 너를 만날까

~ 달 빛이 잠든 밤에 등대불을 찾아가면 ~

D.C. al Fine

너 를 만 날 까 ~

독도의 달밤

작시: 고산 최동호
작곡: 이재진

독도의 달밤

작시 : 고산 최동호
작곡 : 이문주

롯 밤내 영—혼을 묻 고 —가 리 라 파 도
롯 밤내 영—혼을 묻 고 —가 리 라 파 도

야 울지마 라 내 가 있 지않느 냐 너마
야 울지마 라 내 가 있 지않느 냐 너마

저 —울어대 면 이 밤을어이 해
저 —울어대 면 이 마음어이 해

독도여 영원하라

작시: 고산 최동호
작곡: 인동남

2

독도여 영원하라

D.S. al Coda 영   원   하 _____

리   라

독도는 내 친구

작시 고산 최동호
작곡　　　이문주

2

독도는 내 친구

갈 매 기 　 친 구삼 아 　 하 루 보 내 고

밤 에 는 　 등 불 처 럼 　 달 님 이밝 혀 줍 니 다

< I > 독도는 외롭지않다

※ 이악보는 Bar. M,Sop 용임
Sop.Ten는 한음높혀서 일반대중은
단3도 낮추어서 (Cm → Am)

작시: 고산 최동호
작곡: 최영섭

(2011)

2

너 - 는 외 롭지않 - 다

독 도야 독 도야 우 리독 - 도 -

야 내한점살 - 을 살 점을

찢어 서 던 — 진　　　　　망 — 망 대 해

동 — 해 — 바 다 품 에 안 긴 독 도 야

이 기상을 누 가누 가 막 으 리 독 도야 독 도야 우 리독 도 야

6

Andante(웅지높고 감개무량으로)

보라 — 억 — 찌 망 — 상에 빠 져 몸부림치 — 는저모습

을 — 보라 — 섬 지기 갈 매기 — 도

비 — 웃는 구 — 나 — 독 도야 —

독 도야. — 우 — 리독 도 — 야

너는 — 외롭지않 다 너는 — 외 — 롭지않 —

8

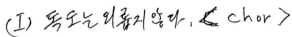

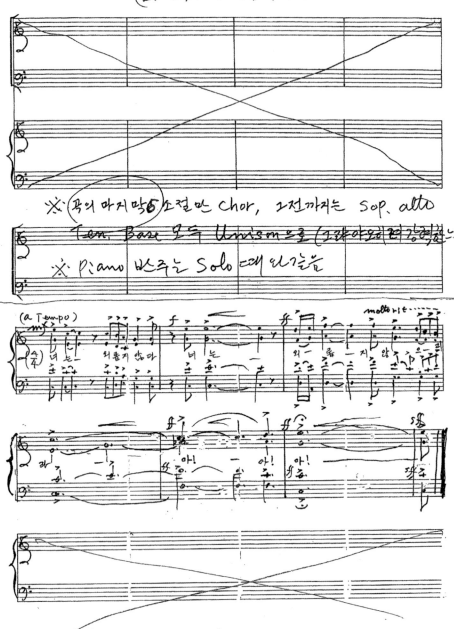

독도에서 하룻밤을

작시: 고산 최동호
작곡: 송결

독도는 요술쟁이

작시: 고산 최동호
작곡: 박원준

독 도 야 —   독 도 야 —   외 쳐 부 르 면

파 도 가 —   달 려 와 서 —   반 겨 주 지   요
구 름 속 —   요 술 쟁 이 —   숨 어 있 다   가

독 도 야 —   독 — 도 야 —   외 쳐 부 르   면
반 가 운 —   친 구 들 이 —   놀 러 왔 다   고

갈 매 기 —   달 려 와 서 —   인 사 하 지 요 독 도 는
방 긋 이 —   햇 — 살 을 —   비 춰 주 지 요

독 도 는   요 술 쟁   이   요 술 쟁   이

독도는 잠들지 않는다

작시: 고산 최동호
작곡: 최영섭
(2011)

망 망 대   해   동 해 바 — 다   품   에 안 긴 독 도
너 는 외롭지   않다   너 는 너 — 는

야

거 칠 은   파 _ 도 _ 가   뺨 을 때 — 려 —

독 도 야   독 도 야   우 리 독 도 —

야 _____

의   롭 지 — 않 — 다

독도는 파도에 울지 않았 다

작시: 고산 최동호
작곡: 최선기

독도는 파도에 울지 않았다

수 평 선　　고 래의숨소리도 잠 ─ 들게 하 ─ 라 ─

아득한옛적에　하늘이열리는날　독도는파도에　울지않았다

나살던고향언덕　뜨는저─달도　영원히밝혀주는　수호신이여

독도는 파도에 울지 않았다

바 람 에   실 려 오 는 파 -도의 노 래 -

수 평 선   고 래 의숨 소 리 도 잠 -들 게 하 -라 -

바 람 에   실 려 오 는 파 -도의 노 래 -

수 평 선   고 래 의숨 소 리 도 잠 -들 게 하 - -라

독도로 가는 기차

작시: 고산 최동호
작곡: 서혜선

1.내 가 - 처음 태어나서 독도로 가는 기 차를 타고 싶어요
2.내 가 - 처음 태어나서 독도로 가는 비 행기 타고 싶어요

엄 마 손 을 꼭 잡고 - 그 림 자 처 럼 졸 졸 따 라 가 서 -
아 빠 손 을 꼭 잡고 - 그 림 자 처 럼 졸 졸 따 라 가 서 -

독도 가는 기차

작시: 고산 최동호
작곡: 최선기

내가 처음 태어나서 - 독도 가는 - 기 - 차 타고 싶어요 음 -
내가 처음 태어나서 - 독도 가는 - 비행기 타고 싶어요 음 -

엄마 손 꼭 - 잡고 - 그 - 림자 - 처럼 졸졸 따라 가서 음 -
아빠 손 꼭 - 잡고 - 그 - 림자 - 처럼 졸졸 따라 가서 음 -

별 달 님 이 밤 하늘 에 머 무르는 - 동 안 음 -

길을 잃은 사람 에게 등 불 이 고 싶어요
길을 찾는 사람 에게 등 불 이 고 싶어요

독도로 간 부처님

고산 최동호 작시
이종만 작곡

내 일 이 면 늦 다 고 — 독 도 로 간 부 처 님 은 —

독 도 가 — 부 처 님 의 — 법 당 이 래 요 —

내 일 이 면 늦 다 고 — 독 도 로 간 부 처 님 은 —

독 도 가 — 부 처 님 의 — 도 량 이 래 요 —

갈 — 매 기 는 부 처 님 의 — 친 구 가 되 고 —
등 — — 대 는 대 웅 전 에 — 촛 불 로 켜 고 —

파 — — 도 는 부 처 님 의 — 목 탁 을 치 면 —
저 — — 하 늘 별 빛 들 을 — 연 등 에 달 면 —

허 — 공 에 — 울 — 리 는 — 우 리 의 — 소 원
맑 — 고 도 — 향 기 로 운 — 해 국 한 — 송 이

무 량 억 겁 — 불 국 토 를 — 이 루 오 리 다 —
부 처 님 이 — 사 랑 하 는 —

애 기 동 자 랍 니 다 —

독도의 등불

작시: 고산 최동호
작곡: 이문주

별빛 이 아스라 이 잠드는밤 — 에
달빛 이 그윽하게 물드는밤 — 에

길 잃 은 님을위 해 불 밝힌독 — 도 야
길 잃 은 님을위 해 불 밝힌독 — 도 야

내 가너 를 알 기전 에 하나 의점이었 고
내 가너 를 알 기전 에 상상 의점이었 고

내 가 너 를 알 기 전 에 하 나 의 돌 이 었 다
내 가 너 를 알 기 전 에 갈 매 기 섬 이 었 다

(후렴) 오 늘 도 뱃 머 리 에 우 는 갈 매 기

귓 전 에 따 가 워 도 서 러 워 마 라

만 선 의 꿈 을 안 고 너 를 반 기 리

독도왕국

작시: 고산 최동호
작곡: 김정란

하늘이 내 — 려 준   너는 내 친 구
하늘이 내 — 려 준   너는 내 친 — 구

2

독도왕국

어영차 독도야 보고싶구나
어영차 독도야 가고싶구나

갈매기 주인처럼 섬을지키는 섬을지키는
길매기 주인처럼 나를반기는 나를반기는

희망의 보물섬 독도의왕국
희망의 보물섬 독도왕국에

독도왕국

♩. = 52

석양의 노을꽃이 곱게물들면

곱게물—들면 — — 독도왕국왕자님—과 우리한번놀아보—자

우리한번놀아보자 — — 석양의노을꽃—이 —

4

독도왕국

곰 게 곰 게 물 — 들 면 — 독 도 왕 국 왕 자 님 — 과 우 리 한 번 놀 아 보 — 자

— — 우 리 한 번 놀 아 보 자 — —

독도 만세

작시: 고산 최동호
작곡: 강주현

는 — 노래하리   너를 위하여

를 위하여

독도 가는 길

작시: 고산 최동호
작곡: 윤순회

바—람
파—도

아 불지마——라 독—도 가는—— 길 우—리
야 치지마——라 독—도 가는—— 길 우—리

님 기다리——는 작—은 섬—나—라 갈—매
님 기다리——는 예—쁜 섬—나—라 갈—매

독도! 동방의 햇불이여

작시 고산 최동호
작곡   이종만

갈 — 매 기 내집처럼 노래하 는 섬하나
무 — 심 한 등댓불도 손짓하 는 섬하나

임 자 없 는 섬 이 라 고 누 — 가 — 말했나
임 자 없 는 섬 이 라 고 누 — 가 — 말했나

도 — 도 한 기 상 이 넘 — 치 는 독도여
도 — 도 한 자 태 를 뽐 — 내 는 독도여

금 단 의 문 을 두 드 리 는 방 랑 자 는 저 리 가 라
금 단 의 문 을 서 성 이 는 방 랑 자 는 멀 리 가 라

동 해 바 다 수 평 선 에

홀 로 선 독 도 여 —

동 방 의 햇 불 되 어 찬 란 하 게 빛 나 라

동 방 의 햇 불 되 어 영 원 히 빛 나 거 라

독도에 살리라

작시: 고산 최동호
작곡: 송결

독도 천년의 노래

작시: 고산 최동호
작곡: 송결

Slow walts

변방에 천둥 소리 하늘을 - 찔러 - 도 어기 영차
변방에 바람 소리 하늘을 - 찔러 - 도 어기 영차 -

어기 영 차 노 저어 가 - 자 가재바 위 - 촛대바위 -
어기 영 차 노 저어 가 - 자 구멍바 위 - 부채바위 -

신 비의 섬 으 로 한 송 이 꽃이진다 고봄날 다 간다더
환 상의 섬 으 로 한 마 리 새가난다 고꽃잎떨 어질소

냐 - 사시삼 경 깊은 밤 에울고가는저기 러기 -

독도를 못잊어 부 - 르는 천 년노래 일거 야 -

독도 형제

작시: 고산 최동호
작곡: 이재석

독도에 애정을 담아서

영롱한 — 아침이슬 풀잎에내리고 —
새하얀 — 뭉개구름 등대에잠자고 —

동백꽃 소근소근 봄맞이나오면 —
갈매기 노래하는 독립문바위로 —

밤새워 기다리는 낮달을친구삼아 —
밤새워 비춰주는 샛별을친구삼아 —

2

독도 형제

동해가 말라 소금밭이 된다해도

작시: 고산 최동호, 최선기
작곡: 최선기

동해의아침

작시: 고산 최동호
작곡: 권순동

2

아　　보라　희망의아침　우릴　－　부－른－다

동해의 아침을 보라

※한음 높혀서 inG 또는
한음 낮추어서 in Eb 도종음

작시: 고산 최동호
작곡: 최영섭

(2014)

살 아 넘 치 - 고   아   보 라
살 아 넘 치 - 고   아   보 라

동 해 의 아 - 침   나   를 부 른 - - 다
동 해 의 아 - 침   나   를 부 른 - - 다

나   를 부 른 - - 다   -

바 다 와 소 년

작시: 고산 최동호
작곡: 황옥경

망 망 대 해　동 해 바 다　홀 로 선 작 은 섬 하 나
망 망 대 해　동 해 바 다　홀 로 선 작 은 섬 하 나

허 공 에　　울 리 는　평 화 의 깃 발 — 이
허 공 에　　울 리 는　자 유 의 깃 발 — 이

2

바다와 소년

너울 너울 춤추는 독 도의 기 상이 여
너울 너울 춤추는 독 도의 기 상이 여

기 억하라 얼마나 눈물 겨운 거룩한섬 인 가를
생 각하라 얼마나 아름 다운 겨레의섬 인 가를

구름이 가려도 태양은떠오르고

바다와 소년

구 름 이   가 려 도   별 은 빛 난 — 다

별 은 빛 난 — 다

신 독도 아리랑

세마치(민요풍으로 흥겹게)

작시: 고산 **최동호**
작곡: **윤순희**

아 무 도 모—르 게 아 무도모—르 게
반 갑 다 독—도 야 독 도야반—갑 다

내—마 음 살—짜 꿍 점—하나찍—— 고
용—궁 에 강—치도 다—불러내—— 고

아 우리 독도여

작시: 고산 최동호
작곡: 최영섭

(2013년)

2

영원하라 독도여

작시: 고산 최동호
작곡: 권순동

영 원 하 라 독 도   여   영 원 하 라 독 도   여

우리 섬 독도여

작시:고산 최동호
작곡:　이문주

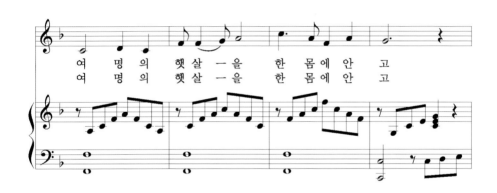

여 명의 햇살 ―을 한 몸에 안 고
여 명의 햇살 ―을 한 몸에 안 고

불 꽃같 이 솟아오 ―른 우 리독 도 여
불 꽃같 이 솟아오 ―른 우 리독 도 여

동해바다 숨은듯이 홀로있어도
동해바다 숨은듯이 홀로있어도

너 는외롭지 않 아 우 리있음 에
너 는외롭지 않 아 우 리있음 에

(후렴)저 ―수평선 너머―로 잠 들어있 는

아 름다운섬 독 도 여 우 리독도 여

임이 오시는 날

작시: 고산 최동호
작곡: 주성희

임이 오시는 날

임이 오시는 날

임이 오시는 날

임이 오시는 날

작은 거인, 독도

작시: 고산 최동호
작곡: 주성희

1.여 명의 새아침이 열리는 — 저바다에
2.여 명의 새아침이 밝아오는 저바다에

태평양을 달려온 거센바 람막아주 는
태평양을 건너온 거센파 도막아주 는

작은 거인, 독도

늠 름한　　작은거인　　우 리독　　도 야

영 원히　　영 원히　　잊 지말 아 요

Score

할미꽃 할머니

작시: 고산 최동호
작곡: 윤순희

굿거리 장단

할머니할머니— 할미꽃할머니 심심산골홀로앉아—
할머니할머니— 할미꽃할머니 해—마다봄이되면—

무슨생각하시나요— 무슨생각하시나요—
세상구경오시네요— 세상구경오시네요—

어릴적못다한꿈이라도있습니까 〈 악기만 〉
어릴적못다한소—원이있습니까

어릴적보고싶은친구라도있습니까 〈 악기만 〉
어릴적찾고싶은친구라도있습니까

흘러간지난날은미련없이잊으시고 우리땅독도로놀러오—세요
흘러간지난날은미련없이잊으시고 우리땅독도로구경오—세요

할아버지와 독도

작시: 고산 최동호
작곡: 최선기

그 옛날 할아버지가 남기신 발자취
그 옛날 할아버지가 남기신 발자취

가문의 영광이라 부르신 노래는
가문의 자랑으로 새기신 이름은

오 천 년 풍랑에도 아름다운 섬 이라고
오 천 년 세월에도 변함없는 섬 이라고

귓전에 맴 - 도는 그리운 독도랍니다
귓전에 뱀 - 도는 그리운 독도랍니다

걸어서 독도갈래요

작시: 고산 최동호
작곡: 서혜선

*별표 문장은 윤동주 시인의 서시 에서 따옴

2

눈물로　　바다를　채운다해도
맨발로　　바다를　건넌다해도

걸어서　　걸어서　독 도갈래요

할아버지의　할아버 - 지　고 향이니 까

rit.　*a tempo*

달아 달아 밝은 달아

작시: 고산 최동호
작곡: 박성미

2

달 빛 속의 미 - 소 여   에 헤 야   에 헤 야 디 야

에 헤 야   경 이 로 구 나

서 역 만 리 지 는 달 도   내 일 이 면 다 시 떠 서   찾 아 오 는

에 - 뿐 섬 우 리 작 - 은 섬 -   에 헤 야 디 야

에 헤 야 디 야   에 헤 야 디 야   경 이 로 구 나

달 아 달 아 밝 은 달 아 만 공 에 밝 은 달 아   어 - 머 니

4

얼 굴처럼 눈에익은   두봉우리   여 는아홉 독 도형제

달 빛속의 미_소여   에 헤_야   에 헤야 디_야

에 헤야   경 이로구나   달 아달아 밝은달아

독도 코리아

작시: 고산 최동호
작곡: 우덕상

수 평선 저 멀리- -- 그리운고 향바다 -
천 년의 숨 결이- -- 흐르는고 향바다 -

민 족의 얼 이숨은 말없는독 -도여 -- -
겨 레의 정 가어-린 말없는독 -도여 -- -

독도 코리아

독도 코리아

얼 싸좋네 얼 싸좋네 영 원히영 원히

독도에서 온 편지

작시: 고산 최동호
작곡: 박성미

독도 그사람

작시: 고산 최동호
작곡: 송결

파 도 가 잠 을 깨 우 는 독 도 일 - 번 지
파 도 가 섬 을 깨 우 는 독 도 일 - 번 지

땅 채 송 - 화 - 꽃 이 피 면 온 다 는 - 그 사 람
떠 날 때 - 는 - 찰 떡 같 이

주 고 간 사 - 진 한 장 거 울 처 럼 - 앞 에 놓 고
해 가 가 고 - 달 가 도 소 식 없 는 - 그 리 움 에

손 꼽 아 기 다 리 는 내 마 음 아 시 나 요
난 그 만 조 - 용 히 눈 물 도 말 랐 어 요

물 소 리 자 박 자 박 밟 고 - 오 세 요 때 늦

은 후 회 없 이 돌 아 - 오 세 요

섬의 노래 40240

작시: 고산 최동호
작곡: 백승태

파 도-가 손 뻗치는 　 　 꿈 꾸-는 놀 이 터 에 　
등 대-가 촛 불 처 럼 　 　 밝 히-는 놀 이 터 에 　

수 줄-어 얼 굴 붉 힌 　 　 동 백-꽃 한 - 송 이 　
고 요-히 들 려 오 는 　 　 자 장-가 파 도 소 리 　

1

섬의 노래 40240

2

그 누가 알리오 소녀의 눈물을

(끌려간 위안부의 슬픈 마음의노래)

작시: 고산 최동호

작곡: 최영섭

(2013.5)

I.그 ― 누 가 알 ―리 ― 오
II.그 ― 누 가 잇 으리 ― 오

서 러 운 눈 ― 물 머 ― 나 먼
꽃 다 운 얼 ― 굴 낯 ― 설 은

2.

나의 어머니

작시: 고산 최동호
작곡: 이문주

후기

　"대한민국 고유의 영토" 독도를 소박한 마음으로 작품을 써 온지도 10년이 넘었습니다.

　독도는 삼국시대 이래로 우리가 실효적으로 지배하는 대한민국의 영토입니다. 1900년 10월 25일 대한제국 고종황제가 (칙령 제41호)를 선포한 날입니다.

　그럼에도 불구하고 2008년 일본은 중등학교 교과서에 독도는 자국의 영토로 가르치도록 하는 내용을 싣겠다고 발표했습니다. 그 이후 3년이 지난 2011년 8월 1일 일본 자민당 국회의원 3명이 울릉도를 방문하겠다고 왔다가 우리 정부가 허락을 하지 않아 김포공항에서 돌아가는 뉴스를 보고 『그리운 금강산』을 작곡한 최영섭 선생님이 독도 노래를 만들어 보자는 말씀을 하시는 계기로 지금까지 작품을 쓰다가 영남대학교 독도연구소와 인연이 되어 오늘의 작품이 『독도, 천년의 노래』가 나오게 되었습니다.

　그동안 작품에 참여하신 작곡가 선생님, 그림과 사진을 주신 여러 선생님들께 감사의 말씀을 드립니다. 특히 그림을 주신 Susy Shin(New Jersy, USA), 작품들을 영문 번역해주신 경희대 배규성 교수님과 서예가 전봉우, 작품 편집 작업을 해준 KIST 최낙원 박사의 도움으로 마치게 되었습니다.

　앞으로 이 작품들이 음반으로 나와서 우리의 간절한 서원이 방방곡곡 울려 퍼지는 날이 오기를 기대해 봅니다.

　* 노력은 천재를 이깁니다

서울 대일고 한병수

Postscript

It has been more than 10 years since I wrote a work on Dokdo, "Korea's unique territory" with a simple heart.

Dokdo is the territory of the Republic of Korea that has been effectively controlled since the Three Kingdom's period.

October 25, 1900 is the day when the imperial order of Emperor Gojong of the Korean Empire was proclaimed (Edict 41).

Nevertheless, in 2008, Japan announced that it would include in secondary school textbooks materials to teach Dokdo as its territory. Three years after that, on August 1, 2011, three members of the Japanese LDP congressmen came to visit Ulleungdo, but departed from Gimpo Airport with no permission of the Korean government to visit Dokdo. After seeing the news, with the proposal to make songs of Dokdo from Youngseop Choi, who composed "Yearning For Mountain keumkang", I have been writing works until now. The work, "Dokdo, the Millennium Song" came out with the help of Dokdo Institute Yeungnam University I have a particular relationship with.

I would like to express my gratitude to the composers who participated in the works up to now and many others who provided drawings and photos. In particular, I would like to express my gratitude to Susy Shin(New Jersy, USA) for her paintings, Prof. Kyusung Bae at Kyung Hee University, calligrapher Bongwoo Jeon for English translation, and Dr. Nakwon Choi at KIST for editing this work. With their help, this work was successfully completed.

I look forward to the day when these works will be released as music albums so that our earnest wishes will resonate all over the country.

* Effort beats genius.

끝말

* 독도는 1982년 천연기념물 336호로 지정되었다

* 독도는 모두 91개의 돌섬으로 되어있다

* 독도의 날은 고종이 대한제국칙령 제41호 1900년 10월 25일로
  독도를 울릉도의 부속 섬으로 제정일을 기념하기 위해 제정되었다.

* 사철나무 – 천연기념물 538호로 지정

* 삽살개 – 천연기념물 368호로 지정

* 물범 – 천연기념물 331호로 지정

* 매 – 천연기념물 323호로 지정

* 흑비둘기 – 천연기념물 215호로 지정

* 독도의 다른 이름: 돌섬, 독섬, 석도

* 40240: 독도 우편번호

* 칙령(勅令): 임금님이 내린 명령

Closing remarks

* Dokdo is the 336th Natural Monument determined in 1982.

* Dokdo is composed of 91 rock islands.

* Emperor Gojong issued the 41st imperial order on 25 October 1900 as "Dokdo's day" to memorialize the historical event when Dokdo began to belong to Ullengdo.

* Spindle tree - the 538th Natural Monument

* Sapsal dog- the 368th Natural Monument

* Seal - the 331st Natural Monument

* Falcon – the 323rd Natural Monument

* Wood pigeon - the 215th Natural Monument

* Dokdo's other names: Dolseom, Dokseom, Seokdo

* 40240: Dokdo's postal code

* Chickryeong: emperor or king's order

시인 고산 최동호

- 경북 상주 출생
- 김천중앙고(1회)
- 시조문학 등단(1996)
- 한국문인협회 회원
- 한국시조시인협회 회원
- 한국동요음악협회 회원
- 한국가곡세계선양회 이사
- (사)독도문화협회 상임위원
- 유동문학회 회장
- 가요무대 시 낭송(1999)
- 달빛은 푸르다(시집, 2002)
- 한국불교조계종 찬불가 공모 당선
  대표곡: 연꽃향기(2012), 반야의 등불(2018)
- 함양 명예 군민(2016)
- 연꽃향기(전자책, 2018)
- 한민족 문화예술대전 최우수상((사) 한국 정신문화 복지재단, 2018)
- 홀로 우는 풍경소리 작품집(2019)

시인 고산 최동호

010-9134-9310

E-mail: kosanchoi@gmail.com

About the author

· Born in Sangju, Gyeongsangbuk-do

· Gimcheon Joongang High School(The first graduation)

· Started literary career on Sijomunhak(1996)

· Member of the Korea Writers Association

· Member of the Korea Sijo Poets Association

· Member of the Korea Children's Songs Association

· Director of the Korea Association for World Promotion of Korean Song

· Standing member of the Dokdo Cultural Association (Corporation)

· President of Yudongmunhaghoe

· Reciting a song on KBS Gayomudae(1999)

· Published collection of poems, 『The Moonlight is Blue』(2002)

· Contest Winner of Chogye Order Korean Buddhism"Scent of Lotus"(2012), "Light of Banya"(2018)

· Chosen as a Honorary Citizen of Hamyang-Gun(2016)

· Published e-book, 『Lotus scent』(2018)

· Grand Prize in Korean Culture and Arts Competition(Korea Spiritual Culture Welfare Foundation(Corporation), 2018)

· Published Collection, 『The tinkling of a wind-bell crying alone』(2019)

Poet Gosan, Dongho Choi

Mobile: +82-10-9134-9310

E-mail: kosanchoi@gmail.com

활동 내용

· 독도는 외롭지 않다(작품집 발간 2011년)-그리운 금강산- 최영섭 작곡

· 육군3사관학교 총동문회 창립 20주년 기념 행사

　　* 독도 시화전 2012년 8월 29일

· 서울 중랑구 서울의료원 독도 시화전(2012년)

· 아! 우리 독도여 음반 발매 노래: 가천대 송기창 교수

　　* 서울신문(김문이 만난 사람) 가곡 -그리운 금강산- 작곡가 최영섭

　　* 국회의원 300명 작품 전달(2017년)

· 부천 안중근공원 위안부 소녀상 건립참여(2016)

　　-그 누가 알리오 소녀의 눈물- 기념비(최영섭 작곡)

· 재경도민회 신년 음악회 KBS홀(2014년 1월 11일)

　　* 독도여 영원하라(가수 인동남) 노래

· 독도별곡 음반 발매(영남대학교 독도연구소) 2017년

· 삼척 (사)동안 이승휴 사상 선양회 '님의 향기' 음반 제작

　　* 독도 노래 3곡 수록(2017년)(독도는 내 친구, 독도의 등불, 우리섬 독
　　도여)

· 전 서울대 교수 소프라노 김인혜 200곡 작품집

　　* 독도는 외롭지 않다 수록 (최영섭 작곡)

· 서울 서초고등학교 독도 실시간 모니터

　　* 작품 등록 교장 이대영

· 세종시 새롬고등학교 독도 전시관 작품집 발송(2019년)

　　* 교장 최교진

· 한국일보 대구 지사 독도의 날 행사(포항) 2019년 10월 25일

　* 서울 퓨전뮤직(젠틀맨 5명) 노래: 신 독도 아리랑

· 국회 독도 시화전(3.1운동 대한민국 임시정부 수립 100주년 기념)

　* 국회의원 회관 3층 중앙홀(2019년 4월 15~16일)

· 도전 한국인 NGO(독도 홍보 대사 2020년)

· 16회 대한민국 독도 예술제(동서울아트홀)

　* 서울시 교육감상 대상(신독도아리랑)

· 풍경소리 50집(독도로 간 부처님) 음반 수록 2020년

· 경상북도 도교육청 사이버독도학교 4곡 선정 2021년

　* 신 독도 아리랑, 독도는 내 친구, 독도는 요술쟁이, 걸어서 독도 갈래요

· 독도 천년의 노래 31곡(유튜브 등록) 등록명: 진달래

2019 국회 미술전 운영위원회·조직위원회

3.1운동, 대한민국 임시정부수립 100주년

2019 제1회
국회 독도시화전
미술전시회

국회의원회관 3층 중앙홀

2019. **4. 15.** (월) 13시 ~ **4. 16.** (화) 18시

주최 : 이명수 국회 보건복지위원장 · 사단법인 독도문화협회
주관 : 대전환경미술협회 · 사단법인 여원공연시낭송예술원 · 한문화타임즈
후원 : 한·미 기업인 친선포럼 · 체리쉬(Cherish)
자문 : 대전 한남대학교 미술교육과(서재흥 교수)

영남대학교 독도연구소, 독도사랑 음반 '독도별곡' 제작

2017/04/05 00:14 입력

▲ 영남대 독도연구소가 독도사랑을 담은 음반 '독도별곡'

'독도의 등불' 등 가곡 8곡 담아, 일반 시민에게 '독도' 알리기 나서

영남대학교 독도연구소가 독도사랑을 담은 음반(CD) '독도별곡'을 제작했다.

음반에는 '독도는 외롭지 않다' '아 우리 독도여' '독도의 등불' '우리 섬 독도여' '독도의 달밤' '영원하라 독도여' '독도어 영원하라' '독도는 내 친구(동요)' 등 독도 사랑 노래 8곡이 수록됐다.

이번 음반 제작에 국민 가곡 '그리운 금강산'의 작곡가 최영섭 씨와 함께 김인혜 전 서울대 음대 교수, 송기찬 가천대 교수, 노희섭 숭실대 교수, 성악가 권순동 씨, 가수 안동남 씨 등이 참여했다. 특히 이번 음반에 포함된 노래의 모든 작사는 시조시인 고산 최동호 씨가 맡았다.

'독도별곡'은 일반 시민들에게 가곡을 통해 독도에 대한 관심과 사랑을 모으고 독도에 대한 진실을 알리기 위해 영남대학교 독도연구소와 문화예술인들이 힘을 모아 제작한 독도 홍보 음반이다.

'독도별곡' 음반은 독도 연구 및 홍보 관련 기관에 배포하고, 각종 학술대회, 독도 알리기 행사 등에 활용할 예정이다.

한편 영남대학교 독도연구소는 2005년 5월 전국 최초로 독도전문 연구기관으로 설립됐다. 2007년 12월에 교육부 정책중점연구소로 선정돼 독도에 대한 역사적 진실을 규명하고 일본 영유권 주장의 허구성을 밝히는 연구를 지속적으로 추진해왔다.

제1기 정책중점연구소 사업이 종료되고 2016년 10월부터 제2기 사업 '독도 영유권 확립을 위한 융복합 연구'를 수행하고 있다.

기사제보 및 보도자료 yn7#66786@ynu.ac.kr

『서울신문

[김문이 만난사람] 국민 가곡 '그리운 금강산' 작곡가 최영섭

입력 : | 수정 : 2013-10-02 00:14

추석을 전후로 '금강산'은 우리 국민들에게 희망과 실망, 두 가지를 동시에 안겨줬다. 이산가족 상봉에 대한 기대가 무너졌기 때문이다. 대한적십자사에 이산가족 상봉을 신청한 사람은 13만명이나 된다. 이들의 한을 어떻게 달랠까. 노래 한 곡 불러 본다. '누구의 주제련가 맑고 고운 산 그리운 만이천봉 말은 없어도~' 그리움으로 손을 뻗어본다. 하지만 금강산은 여전히 '저편의 너'이자 단장(斷腸)의 메아리다. '그리운 금강산'은 홍난파의 '봉선화'(1919년) 이후 한국 가곡 역사에서 가장 애창되는 노래이다. 분단의 아픔을 간직하고 있지만 가사와 곡을 음미하노라면 시보다 아름답고 소설보다 더 감동적으로 다가온다.

▲ 지난달 30일 서울시내 한 카페에서 만난 '그리운 금강산'의 작곡자 최영섭씨가 최근 작곡한 '아 우리 독도여' CD를 들고 작품을 설명하고 있다. 그는 오는 20일 '금강산 가는 길'로 민족과 조국을 위한 노래 100편을 완결할 예정이다.이언탁 기자 utl@seoul.co.kr

〈'그리운 금강산' 작곡가 최영섭 선생님〉

그 누가 알리오 소녀의 눈물을
끌려간 위안부의 슬픈 마음의 노래

고산 | 최동호

그 누가 알리오 서러운 눈물
머나먼 이국땅에 어린 몸으로
생이별 치마폭에 울던 소녀여
못 잊을 깊은 상처 언제 씻으리
아 비바람 눈보라쳐도 봄은 다시 오는가
떠오르는 붉은 태양은 너의 심장일지니...

그 누가 잊으리오 꽃다운 얼굴
낯설은 이국땅에 몸을 가누고
쓰라린 가슴으로 울던 소녀여
못 잊을 남은 상처 누가 씻으리
아 비바람 눈보라쳐도 꽃은 다시 피는가
타오르는 붉은 태양은
나의 심장이려니....

가운데 위안부 피해자의 한이
고산 최동호 님의 시로 새겨져 있다.

-그 누가 알리오 소녀의 눈물- 기념비
(최영섭 작곡)